AF391505

PRÉFACE

La France traverse une crise morale dont l'intensité ne fait que s'accroître chaque jour. L'armée du bien et l'armée du mal sont en présence, et du combat qu'elles se livrent, doit résulter, dans un prochain avenir, le salut ou la perte de la Patrie. Il ne s'agit plus de provinces ni de milliards, choses considérables, mais qui perdues, peuvent se récupérer un jour ou l'autre ; il s'agit de la Religion, de la moralité, du caractère et de la grandeur de tout un peuple qui marcha toujours, jusqu'ici, à la tête de la civilisation, et qui désormais peut achever sa ruine, commencée, en se précipitant dans la boue de tous les vices par l'abandon de toutes les croyances et de toutes les traditions qui firent sa prospérité et sa gloire.

La génération actuelle, qui se compose

de tous les hommes ayant une pensée arrê-
tée et des sentiments fixes, forme la double
armée dont nous parlons ; mais, tandis que
les méchants possèdent le pouvoir, la puissance, les places et l'honneur, les bons au
contraire, n'ont pour eux que la force qui
résulte du droit, de la vertu, de la vérité.
Les uns et les autres, sentant que l'avenir
du pays dépend tout entier de l'instruction
et de l'éducation que recevra l'enfance, la
génération de l'avenir, c'est autour de la
question des écoles que s'agitent les deux
partis en présence. Un peuple, a dit Leib-
nitz, est toujours tel que ses maîtres l'ont
formé, religieux quand ses maîtres furent
religieux, impie quand ses maîtres furent
impies. Dans quinze, vingt ans, ceux qui
sont aux affaires, penchés vers la tombe,
auront soif de tranquilité, et d'un œil mélan-
colique, regarderont venir la mort, les uns
rendus tranquilles par l'espérance chrétienne, les autres anxieux par la perspective
d'un néant problématique quoiqu'ils en
aient cru, tandis qu'une génération nouvelle
entrera en scène, et prendra la direction
du pays dans toutes ses forces vives.

Le terrain de l'instruction publique est donc, et à juste titre, celui de la lutte suprême. Les adversaires se sont comptés, chefs et soldats,

D'un côté, c'est l'Eglise et la phalange héroïque des enfants de Dieu ; de l'autre, c'est la Révolution, et l'innombrable peuple des bas fonds, dont elle excite avec un art perfide, les convoitises et les passions, sauf à n'en pouvoir être maîtresse, une fois démuselées.

A la tête de la Révolution se trouve une secte encore trop peu connue, quoiqu'elle commence à l'être beaucoup, c'est le maçonisme, société redoutable qui fit 89 et 93, qui, à l'heure présente, a de ses adeptes dans les plus grands postes de l'Etat, et peut d'un jour à l'autre, nous précipiter dans les plus affreux malheurs.

Il faut bien distinguer entre République et Révolution. La République n'a en soi, rien qui répugne au Chrétien et à l'honnête homme, ami de l'ordre et de la liberté. Pour nous qui estimons que le meilleur des gouvernements, et, par conséquent le plus souhaitable est celui qui fait le plus de bien à la masse du peuple, nous serions tout à fait disposé à aimer la République, si son programme était : l'Ordre dans le droit et la liberté. Malheureusement chaque fois que la République est apparue parmi nous, c'est la Révolution qui l'a faite et dominée ; c'est le maçonisme qui, par ses coryphées, en a eu la direction.

Le maçonisme, très puissant lorsqu'il est contenu, surveillé, combattu, l'est davantage lorsque c'est lui qui gouverne. Alors, sa puissance propre, et elle est immense, s'augmente de toute celle de l'État.

C'est le maçonisme qui a créé ces centaines, nous devrions dire ces milliers de journaux qui partout pullulent et menacent d'engloutir la France dans une mer de boue et de sang ; c'est lui qui, par ses combinaisons cachées et savantes a fait la discipline de ces millions d'hommes votant pour des candidats désignés, sans égarer une seule voix.

C'est lui, enfin, qui a inspiré ces projets liberticides dont le but est de confisquer l'école à son profit, et d'en chasser l'Église.

Le maçonisme, a divers moyens pour dominer dans l'école, former la jeunesse à son image, la pétrir dans son moule comme une substance molle.

Pour dominer l'instruction primaire, il a la *Ligue de l'Enseignement* dont l'action embrasse déjà le pays tout entier, et dont le programme est l'école laïque, gratuite et obligatoire. Mais la *Ligue* ne lui suffisant pas, il a les projets Ferry qui seront bientôt des lois.

Quant à l'Instruction secondaire, le maçonisme a sous sa main, l'Université dont elle prétend augmenter les priviléges, le monopole et la puissance.

Il est remarquable que le maçonisme, si ombrageux de sa nature, si perspicace et si pénétrant, si habile dans la connaissance des hommes qu'il emploie, si au courant de leur esprit, de leurs mœurs et de leurs tendances, est absolument content, satisfait de l'Université. Il l'aime du plus tendre amour, et il n'est pas de gages qu'il ne soit prêt à lui donner de sa tendresse.

C'est cette institution si funeste à la France et dont le sein a nourri ses sceptiques, ses sensualistes, ses posivistes de tout ordre et de toute nuance, que nous voulons faire connaître.

Soixante mille familles lui donnent leur confiance, et se reposent sur elle du soin de former leurs enfants ; fait étrange qui nous paraît n'avoir d'explication que dans l'ignorance de ce qu'est l'Université. Quand elle ne donnera l'instruction qu'à ceux qui la connaissent, et qui vont à elle en toute connaissance de cause, ses colléges, ses lycées seront au trois quarts vides.

Les pages que nous publions ne sont l'œuvre de la passion à aucun degré ; nous les avons écrites à la lumière des faits et de l'expérience. Nous n'attaquons nulle part les personnes qui, pour nous, sont toutes sacrées, même dans ce que nous appelerons leurs déréglements ; mais, nous fesons la guerre à l'institution, à ses défauts et à ses vices.

Il ne faut pas espérer que la Révolution lâchera sa proie, l'instruction publique. Les choses allant leur train, la liberté, si elle n'est pas assassinée, recevra de terribles coups, le monopole universitaire sera accru, revu et amplifié. Nous irons ainsi de chûte en chûte jusqu'à ce que descendus, au fond de l'abîme, une réaction puissante, universelle, nous le fasse remonter. C'est à préparer cette réact on que nous devons tous travailler dès à présent. Nos pages viennent donc à leur heure et ont leur apropos. Puisqu'on tend à ruiner le plus possible l'enseignement privé, montrons ce qu'est l'enseignement officiel, et dénonçons-en les vices irrémédiables jusqu'à ce que l'opinion publique, le condamne à disparaître, ou à se perfectionner par la liberté. On nous reproche de vouloir la liberté pour nous et non pour les autres ; c'est une calomnie contre laquelle il faut ne cesser de protester. L'Église est ennemie de la licence et si amie de la vraie liberté que c'est elle qui l'a répandue dans le monde, et dans tous les siècles n'a cessé de combattre la tyrannie.

Nous ne nous flattons pas de plaire à tout le monde, mais nous avons la confiance qu'amis et adversaires rendront justice aux intentions qui nous animent et à la noblesse du but que nous poursuivons.

CHAPITRE 1ᵉʳ

L'Université est une marâtre ; l'Eglise est une Mère

Il n'y a pas dans l'Université l'ombre d'éducation, il ne peut y en avoir. L'enfant, en y entrant, y est nécessairement et par la force même des choses, voué à une corruption précoce qui étouffe en lui le germe de tous bons sentiments. Dans ces salles sombres, dans ces vastes cours enfermées par de hauts murs, dans ces larges dortoirs qu'habite peu le sommeil paisible de l'innocence, partout enfin où sa vie s'écoule, circule un air malsain qui, à la fin, produit le scepticisme de l'esprit et du cœur.

Parmi ces visages qui l'entourent, quel est est donc celui qui lui personnifie la vertu, la lui rend douce et aimable ? S'il y en a un, qu'on le montre. Quel est l'homme qui vient fréquemment, et le cœur plein d'amour, lui parler de tout ce qui peut élever son esprit, guider, discipliner son cœur ? Où est le maître

zélé qu'une sainte et religieuse affection porte
à étudier son caractère, à démêler ses penchants, à surprendre ses vertus et ses vices
naissants pour former, redresser, fortifier ou
combattre selon l'occurrence ? Où est l'ami qui,
par le secret d'une douce et paternelle bien-
veillance saura pénétrer dans son cœur pour
en consoler les peines, en augmenter les joies
en les partageant ? En un mot, où est l'éducateur du jeune nourrisson universitaire parmi
ces hommes nombreux qui émargent un gros
traitement au budget de l'Etat, pour le former
à la science et à la vertu, en faire un bon
Chrétien et un digne citoyen ? Nulle part !
Former, élever un enfant n'est pas autre chose
que lui donner son propre cœur, pénétrer son
intelligence de la sienne propre ; parconsé-
quent, à un esprit orné, à un cœur excellent,
un bon maître doit joindre une grande assi-
duité auprès de son élève. Il doit penser avec
lui, aimer, haïr avec lui. Or, l'homme de
l'université, pense, aime, hait avec sa famille
s'il en a une, et, s'il n'en a point, son occupa-
tion est de la chercher. Pour lui, l'enfant n'est
pas autre chose qu'une matière exploitable,
une sorte de gisement aurifère, une occasion d'a-

vancement en grade, d'augmentation en solde.

Qu'on le sache bien, l'éducation publique est un apostolat, et, je défie l'homme du monde, serait-il le plus honnête et le plus consciencieux d'y obtenir le moindre succés. Libre à certains écrivains du *Siècle* ou autres feuilles de la libre pensée, de l'émancipation de l'esprit humain, de trouver détestable l'éducation qui se fait sur les genoux de l'Eglise, le fait est qu'il n'y en a point ailleurs. C'est l'Évangile qui nous apprend à aimer et qui nous montre dans l'enfant le futur disciple de Celui qui descendit du ciel pour le racheter et en faire son héritage. La philantropie n'est qu'une vile caricature de la charité chrétienne, et quiconque prétend s'en inspirer dans l'œuvre de l'éducation se lasse vite des efforts continuels qu'elle exige. Voilà pourquoi les Etablissements laïques, capable de lutter avec ceux de l'Eglise, sous le rapport des sciences et des lettres humaines, leur sont si inférieurs, sous le rapport de l'éducation. Répétons-le avec toute la tradition catholique : l'éducation a pour base la religion parce que la religion est toute la morale.

Dans le lycée, l'enfant trouve des maîtres de

science, il ne trouve ni directeur, ni ami. Il n'a pas plus d'affection à donner qu'à en recevoir. Parmi ceux qui l'approchent tour à tour, il y en a qu'il méprise absolument, d'autres qu'il estime pour leur savoir, aucun qu'il puisse aimer. Il n'y a que l'amour qui produise l'amour, et, donner son amour, c'est se donner soi-même. Or, comment pourraient-ils se donner ceux qui ne s'appartiennent pas parce que l'ambition les domine, parce qu'une famille les absorbe, parcequ'une carrière à parcourir les préoccupe, parce qu'enfin, la religion principe de tout dévouement, foyer de toute affection desintéressée, leur est souvent étrangère ? Aussi, voyez la différenee qu'il y a entre le régime d'une maison ecclésiastique et celui d'un lycée ! L'un s'inspire de l'affection, l'autre de la crainte. Le premier unit dans une mesure tempérée et sage l'autorité qui est nécessaire au maintien de la discipline à la liberté qui est nécessaire au développement de toute intelligence, à la formation de tout caractère. Pénétrez dans cette cour où prennent leurs ébats nos jeunes séminaristes et dites s'il y a au monde spectacle plus réjouissant pour le cœur de tout père, de toute mère de famille ?

On y joue, on y rie, on y cause avec un entrain parfait, avec une gaîté charmante. Là, tout y est jeune et frais dans l'esprit, dans le cœur et dans le corps. On ne voit point de juvéniles décrépitudes mille fois plus tristes que celles des vieillards, et sur aucun visage, l'observateur le plus expert ne saisirait la trace honteuse de passions funestes. Au contraire, voyez cet essaim de lycéens qu'un maître surveillant promène. Ils sont faits à point pour l'observation : Ils sont nombreux, de tout âge, de toute taille et de toute condition sociale. Un coup d'œuil aux cheveux nous indique en quelle estime ils tiennent cet appendice humain. Ils mettent des raies partout : par devant, par derrière, au milieu, aux côtés suivant le vent capricieux mais très suivi de la mode. Ils tiennent à montrer qu'ils ont appris bien d'autres choses que le Grec et le Latin. Certains cultivent une barbe naissante qu'ils font moustache et favoris ; tous se lustrent, se parfument et sentent leur homme avant de l'être. Ils ont l'œil au gué, se plaisent au milieu de la foule, et si c'est la courtisane parée qui passe, quelle sensation visible les parcourt ! Entr'eux ; il y a le sourire de la gauloiserie épicée, la conversation sur les hauts faits d'un journalisme risqué, le succés d'une pièce en renom. Mettons-les dedans et ne les suivons pas dans leurs prouesses du libre Dimanche. Ces enfants terribles nous effraieraient! Ainsi ne se font pas nos promenades. A peine l'aube naissante, en blanchissant le sommet des montagnes a-t-elle annoncé un beau jour de congé que l'àme de nos enfants s'épanouit en rêves d'or pour toute la soirée. Le moment de partir venu, des maîtres nombreux organisent les rangs et se mettent au milieu pour les suivre. En eux, l'enfant reconnait souvent un ami, un père, et tous ensembles, ils sont heureux de respirer l'air pur des champs, d'admirer la fleur que le printemps fait naître, d'écouter l'oiseau qui chante dans le bocage, de se désaltérer dans l'eau claire du ruisseau dont les gracieux méandres à travers les prairies fourniront plus d'un souvenir pour la narration prochaine. Car, tout dans la nature, a le don d'émouvoir, de distraire et de charmer l'àme innocente et pure.

Au lycée, il peut y avoir des maitres impies, rationalistes, athées, Panthéistes, comme il y en a qui sont profondément catholiques. Le

Credo qu'on professe tire peu à conséquence, et, si un proviseur, libre lui-même de croire ce qu'il veut, s'avisait de pratiquer des exclusions ou de les solliciter du ministre pour motif de religion, un tolle général s'élèverait contre lui du sein de la compagnie. **M.** Duruy l'a dit autrefois à propos de certain économe qui donnait le mauvais exemple de manquer la messe : l'Université respecte le sanctuaire de la conscience et chacun n'y relève que de ses convictions. Aux pères de noter le fait et de juger s'il est indifférent, pour l'avenir de leurs enfants.

Au lycée, le personnel se partage en deux catégories : l'une comprend ceux qui ont fait leur surnumérariat et sont entrés dans la carrière ; l'autre est composée de jeunes prétendants que la gent écolière appelle *pions* et que le vocabulaire de l'Université appelle *aspirants répétiteurs*. Ce sont de jeunes bacheliers ou des rhétoriciens qui aspirent à l'être. Les parvenus, ceux qui n'ont plus rien à démêler avec le *pionnage* vivent chez eux s'ils sont mariés, à l'hôtel s'ils ne le sont pas. Au son du tambour qui annonce la classe, ils accourent au lycée d'où ils sortent leur tâche finie. Il en est

qui, pour assurer leur conscience vis-à-vis
des paresseux et étourdis, laissent une note
de pensums que le censeur pourra faire exé-
-cuter ; quant à ceux qui ont des convictions
comme celle que M. Duruy respectait volontiers, il font bien de ne pas se gêner. Nous
n'avons donc en permanence au lycée, vivant
de la vie des élèves, couchant, mangeant, se
promenant à leur côté, que la partie basse du
personnel universitaire ; la partie que les élèves peuvent la moins estimer comme la moins
aimer, la partie la moins propre à s'occuper
d'exercer une influence salutaire sur la conduite et les études des enfants, la partie, enfin,
la plus occupée d'elle-même et la moins propre à s'occuper des autres. Le vice radical
d'une pareille organisation saute aux yeux ; et,
ce vice est irrémédiable. Il faut savoir par expérience quels durs travaux, quels continuels
sacrifices, quelle incessante abnégation impose la mission d'élever et d'instruire la jeunes-
-se pour comprendre que des laïques, hommes
du monde, voués aux soins d'une famille et
dont l'âme est complétement vide des grandes,
des profondes, des sublimes pensées religieu-
-ses qui enfantent les sublimes dévouements, en

soient radicalement incapables. Depouillée pour le professeur universitaire de tout ce quelle a de plus pénible et de plus assujetissant la carrière de l'enseignement garde encore assez d'épines, pour n'être, la plupart du temps qu'un pis aller accepté par ceux que la dureté du sort a empêchés de mieux faire. Je le dis avec une conviction ardente : mieux vaudrait casser des pierres sur le bord d'un chemin que se faire instituteur, à moins qu'on obéisse à une pensée de proselytisme et de saint dévouement. Aussi, en constatant que l'université ne fait rien pour le cœur de la jeunesse, je l'accuse plutôt d'impuissance que de mauvaise volonté. Les maîtres instruiront, ils n'élèveront jamais. Les aspirants, préposés à la surveillance feront ce que fait le caporal, le sous-officier dans l'armée, ils ne changeront jamais une infirmité, ils ne retrancheront jamais un pli aux âmes, ils n'y guériront jamais un vice, ils n'y mettront jamais une vertu. Pauvres aspirants ! Vous êtes jeunes, vous avez tous les défauts de la jeunesse nonobstant ceux que vous vous donnez vous mêmes, et on vous confie les fonctions les plus délicates, celles-là mêmes qui font trembler la sagesse des viellards !

Le grand tort de l'Université est d'exclure de l'éducation le seul levier à l'aide duquel on meut et dirige les volontés à son gré : l'amour. L'enfant franchit rarement et difficilement l'obstacle créé par l'amour. Devant lui, il s'arrête frémissant ; s'il passe outre, il ne tarde pas de revenir à résipiscence. Et alors, la faute, loin de lui avoir été funeste, aura marqué un progrès moral, déterminé un surcroît d'ardeur dans la lutte contre ses mauvais penchants. Mais hélas! ce tort de l'Université est moins la faute des hommes qu'un vice de l'institution, vice originel, inguérissable. L'Université ne demanderait pas mieux que de voir ses membres se dévouer corps et âme au bien intellectuel et moral de la jeunesse, à un pareil dévouement, elle n'aurait qu'à gagner. Mais, elle est laïque et ne saurait prétendre à des vertus qui sont au-dessus de sa portée. Ce n'est pas à elle qu'ont été confiées les paroles de vie, celles qui pénètrent jusqu'aux régions les plus intimes de l'âme pour y porter la vie, ce n'est pas à elle qu'il a été dit : allez et enseignez, mais à l'Église qui est la seule et véritable institutrice des âmes. Le secret de sa force, en face de l'Université n'est pas dans ses richesses, encore moins dans les priviléges, il est dans son amour.

Abritez-vous derrière l'Etat et les injustes priviléges qu'il vous accorde ; possedez tous les monopoles, tous les titres, toutes les rentes, il y a une chose, ô Université, qui vous manquera toujours et qui toujours attestera votre faiblesse : l'amour! Vous vous préssentez devant la jeunesse le cœur absorbé, vendu, morcelé, ravagé, détruit. Quel sacrifice vous inspire-t-elle digne de ce nom? Quel don lui faites-vous qui soit digne de vous concilier son estime et son affection ? Oui, vous lui donnez la science en retour de l'argent et des honneurs qu'elle vous donne ; science vaine, orgueilleuse, souvent impie, incapable d'exercer une influence heureuse sur la destinée humaine. Votre vie, vous la gardez pour vous ou les vôtres, ou qui vous plait ! Université, je vous le dis : vous êtes la marâtre, c'est l'Église qui est la mère.

CHAPITRE I I

La discipline de l'université est brutale, point chrétienne

—

Voici où triomphe l'Université, la discipline.
Elle dit au jeune homme : tenez-vous bien,
allez droit votre chemin ; car, je n'ai peur ni
me soucie de vous. Surveillant particulier,
Surveillant général, Censeur et Proviseur disposent du cachot et tiennent en main la clef de
la porte prête à s'ouvrir pour tout récalcitrant,
comme ailleurs, force est à la loi, ici, force est
à la discipline.

Ce serait de votre part un très-mauvais
calcul de croire vous retrancher derrière le
chiffre, quelque respectable qu'il soit, de votre
pension, pour vous faire une cuirasse contre
nos coups justes et redoutables ; l'État, oui,
entendez-le et ne l'oubliez jamais, l'État est
notre pourvoyeur, ses caisses nous sont ou-
vertes. Mais, si vous êtes de nos obligés,
raison de plus pour que nous ne vous laissions
pas nous désobliger. Une fois pour toute re-
tenez, que le cœur n'a rien à faire chez nous,

en attendant que notre régime vous l'aprenne.
Le cœur, femmelette sensible, qui gâte les enfants, qui perd son temps à leur dire des riens
dont ils abusent, qui leur débite de sottes maximes de morale, le cœur est banni de nos
maisons. La punition inexorable, comme le
destin antique, accompagne toute faute à l'instant de sa perpétration. Des jeunes gens de
vingt à trente ans sont nos justiciers. A cet
âge on va vite en besogne, on brise les obstacles
plutôt qu'on ne les tourne ; on ne souffre ni
mais, ni si, on ne voit que le code et son droit.
A quoi bon la vieillesse et les années, l'expérience et la sagesse pour punir, corriger et
sermonner des jeunes têtes? A quoi bon tout ce
qu'on appelle tact, prudence, patience quand
on a en mains une férule solide, sûre de sa
victoire ? A quoi bon savoir que la jeunesse
a ses moments de passion et de colère qui,
maladies de l'âme, exigent certains ménage-
ments pour être guéries, quand un empiris-
me traditionnel nous sort de tout mauvais cas?
Votre discipline, université, mérite si peu ce
nom, qu'elle m'en parait être la négation complète. Ce mot parmi nous, a un sens spirituel
qui s'applique bien plus à l'âme qu'au corps.

Il signifie action sur l'âme, gouvernement de l'âme.

Votre discipline serait un chef d'œuvre du génie, si par là, on pouvait entendre la régularité des mouvements, le jeu cadencé des corps, je dirai même, la promptitude de l'obéissance. Mais, ces choses sont à peine l'écorce de la vraie discipline. Dans nos institutions cléricales, nous avons moins de raideur dans les corps, plus de souplesse dans les âmes; moins de régularité et d'ensemble dans les mouvements extérieurs, plus de soumission dans ceux de la conscience. Nous pensons, avec tous les moralistes, que la jeunesse doit avoir une certaine facilité de se produire dans le bien comme dans le mal, afin que les maîtres puissent encourager l'un, reprimer l'autre; en s'éloignant de ce principe, on ne produit que des menteurs et des hypocrites. Une autorité grincheuse, inflexible, acerbe, toujours armée de son code de punition, soumet les corps, révolte les âmes.

Cette révolte, sourde, cachée, a des frémissements qui, pareils à ceux d'un volcan, ont parfois des explosions terribles.

Qui n'a souvent gémi, comme d'un signe

de l'état déplorable de l'éducation publique en France, à la vue de ces fréquentes révoltes que signalent les journaux dans l'intérieur de nos plus grands Lycées ? Elles sont devenues à force de se répéter, un mal endémique. On a beau punir, exiler, chasser, la plaie subsiste toujours inguérissable. Hier, c'était Troyes, qui se soulevait contre ces surveillants. Louis-le-Grand contre sa cuisine, l'Ecole Normale contre la société entière, acclamant un matérialiste : S. Beuve ; demain le vent de l'insurrection soufflera ailleurs, brisant les liens d'une discipline qui ne s'essaie même pas à dompter les âmes tant elle se sent faible et denuée de ressources pour espérer le faire avec quelques succès.

Au moment où nous écrivons, un vent de révolte souffle aux quatre coins de la France universitaire. Après avoir vu la grande division du Lycée de Strasbourg prendre part à la souscription du *Siècle* pour la statue de Voltaire, nous voyons la même division du Lycée de Lille souscrire pour l'érection d'un mausolée à Victor Noir du journal La *Marseillaise*. C'est le *Propagateur de Lille* qui raconte le fait.

« Au mois de janvier 1877, le lycée de Douai, à jamais illustre pour avoir nourri dans son sein le communard Paschal Grousset, se mettait en insurrection, et l'autorité ne restait maîtresse qu'en sacrifiant dix-neuf des plus mutins.

Un mois plus tard, le lycée de Nîmes imitait Douai, et vingt-cinq de ses élèves étaient rendus à leurs familles. »

De février à mars 1870, de vingt à trente lycées de France se mirent en révolte. Celui de Nîmes donna le signal. Les autorités de la ville durent capituler : total 6, 000 fr. de dégats.

« Jaloux de les imiter, les lycées de Lyon, de Douai, d'Auch, de Troyes, de Lille, de Toulouse, de Toulon, d'Amiens, de Ste-Barbe, de St-Louis, de Louis-le-Grand, etc., proclament par des actes que l'insurrection est le plus saint des devoirs. »

En 1872, les élèves du collége Bourbon reçoivent à coups de sifflets une visite princière. Les traditions sont bien suivies dans ce collége, car en 1848, les élèves avaient exigé et obtenu la destitution de leur proviseur M. Bouillet.

En 1873, les élèves du lycée d'Alger con-
fectionnent un mannequin qu'ils pendent avec
cette étiquette : Batbie. »

Le lycée de Bastia fit une émeute en 1874.
La gendarmerie dut intervenir. Quatre maîtres
d'études furent renvoyés et un certain nombre
d'élèves rendus à leurs parents. A la même
époque, dix huit élèves du lycée de Chaumont
se sauvent et passent la nuit entière à la danse
et au cabaret, à Fonlain. Le lycée de Marseille
vit aussi ses « glorieuses » en 1875.

Nous ne continuerons pas la longue énumé-
ration de l'*Univers* ; elle fatiguerait le lecteur.
Mais nous citerons quelques lignes assez si-
gnificatives d'un publiciste qui n'est pas suspect d'opposition aux institutions libres :

« Ce serait trop dire que la discipline est
perdue dans nos lycées. Elle est tout au moins
fortement ébranlée. Elle ne se maintient guère
que par la longue habitude. La vérité est
qu'au fond, les professeurs sont aux mains des
élèves et que ces jeunes messieurs ne travaillent plus que quand ils veulent et comme ils
veulent. On est très content qu'ils consentent à
ne pas user toujours de tout leur pouvoir. On
compose avec eux et l'on est bien heureux

en cédant, de pouvoir garder les apparences. »

Ces lignes sont de **M. Francisque Sarcey.**
Que dira le *XIX Siècle*, qui fait une guerre si
acharnée et systématique aux écoles congré-
ganistes ?

Nous ne voulons pas nier que le passage de
certains ministres au pouvoir n'ait produit bien
des résultats funestes dans le sein de l'université ; mais ce serait se tromper grossièrement
que de faire remonter à quelques hommes, la
responsabilité entière de l'indiscipline actuelle
des lycées. A toutes les époques, nous voyons
des faits semblables se produire dans nos
établissements publics, preuve évidente que
leur apparition tient à d'autres causes qu'à la
présence de tel ou tel personnage, au sommet
de la hiérarchie Universitaire. Lorsque une
institution porte dans son sein le virus d'autant de vices, il n'est pas étonnant qu'elle soit
en proie à une sorte de décomposition violente,
plus forte que tous les remèdes. Dans le corps
humain, on peut guérir un membre attaqué de
quelque infirmité, quand tous les autres sont
sains et robustes, mais si la masse du sang
est viciée, l'action de la médecine est im-
impuissante à guérir les désordres qui en ré-

sultent dans toute l'économie Or, dans l'Université, c'est le corps entier qui est infirme, malade, perclus. Voyez plutôt. Pendant que le Nord à ses scènes de révolte en faisant de la politique écarlate, le Midi a ses scènes d'inqualifiable violence. Une scène de désordre, dit le *Gers*, du 19 Février, a eu lieu hier matin dans le Lycée d'Auch. Les élèves de la 1re division, en descendant du dortoir, se sont précipités dans la 2e études, et, après s'y être baricadés et avoir éteint les lampes, se sont jetés sur le maitre d'étude de cette division, qu'ils ont frappé violemment. A la suite de ces faits qui, pour être restés purement scolaires, n'en sont pas moins une atteinte grave à la discipline et un déplorable exès, la 1re division a été tout entière licenciée.

Ecoutons maintenant le *Salut Public* de Lyon du 21 Février. « Un vent de fronde et de révolte soufle sur les lycées de France.

Mercredi dernier, des désordres ont eu lieu au Lycée de Dijon et les trois divisions de Philosophie, de Rhétorique et de Mathématiques élémentaires ont été licenciées pour quinze jours. Ces désordres ont eu pour cause ou pour prétexte, la conduite d'un maitre d'étude à l'égard des élèves. » Aspirants maîtres-d'études ayez bons muscles, bons poignets, des notions étendues d'escrime et de savate, ou votre vie courra plus d'un danger dans l'exercice de vos fonctions . Je le tiens de la bouche de plusieurs d'entre vous : l'élève vous déteste, et vous ne pouvez l'aimer. L'approcher vous est impossible ; car, il vous fait une guerre sourde, implacable, sans trève ni merci, voilà le dernier mot de votre situation respective. Vous avez l'autorité, ils ont le nombre et l'audace.

Après l'attaque, vous avez l'exclusion, mais pendant la bataille, vous n'avez que vos forces et votre bonne fortune. L'Université licencie des divisions entières, c'est juste, ce serait mieux que le gouvernement licenciât l'Université et nous donnât la liberté entière de l'enseignement. Nous n'étonnerons pas le lecteur en disant, que ces effets dont nous parlent les feuilles publiques de l'hostilité permanente qui existe entre élèves et maîtres de noŝ lycées, ne sont rien en comparaison de ceux qui restent cachés, ensevelis dans le mystère. On comprend, sans peine, le chagrin qu'éprouve l'université à voir les plaies qui la rongent exposées au grand jour ; elle les voile, elle les couvre le plus possible, et ce qui en vient à notre connaissance, n'est que la partie qui a pu franchir les murs de clôture. Nous pouvons donner le récit succint et abrégé d'une sorte d'insurrection qui eut lieu il y a un peu de temps dans une institution de l'Etat. Elle fut assez grave pour rendre nécessaire la présence de l'inspecteur et du prefet départementaux. Voici l'histoire. Aux premiers jours de l'an les élèves souhaitent volontiers la bonne année à leurs maîtres, en pratiquant toutefois à leur égard, les exclusions qui leur conviennent.

Le professeur d'Ecriture avait été, cette année, l'objet d'une exclusion motivée sur sa sévérité. Nonobstant la décision du conseil des élèves, un d'entre eux, lui offre ses vœux, et aussitôt, le voilà en butte, à une persécution cruelle de toute les divisions ; on le jettera à l'eau, il sera mis en quarantaine, il subira la savate. Il est enfermé dans une chambre, jusqu'à ce que la fureur générale ait eu le temps de se calmer, et comme il demande au directeur de partir de l'établissement, celui-ci fait voter la division à laquelle le pauvre condamné appartient, pour savoir par la voie du suffrage

universel, qui est décidément la base du droit
nouveau, s'il pourra rester. Le scrutin prononce
son renvoi ; premier épisode ; voici le second.
Quelques jours après, un surveillant ayant été
renvoyé, un autre est mis à sa place.

Le premier soir qu'il couche au dortoir, les
élèves font du bruit, et il se voit obligé d'en
punir quatre de la salle de police. Le directeur
augmente la dose, et leur inflige la prison.

De sinistres projets se trament pour le len-
demain, et les têtes exapérées, auraient pu en
venir au plus déplorables excés si les magistrats
dont nous avons parlé n'étaient venus ramener
le bon orde et la paix. M. Sarcey qui a de sévères paroles pour déplorer la perte de l'antique discipline universitaire, quand il s'agit
d'un proviseur qui accorde une sortie pour des
raisons apparentes, plutôt que réelles, pourrait-il, nous dire ce qu'il pense de ce nouveau droit en vertu duquel des élèves renvoient
d'une école le condisciple qui à enfreint la
consigne qu'il leur a plu d'imposer ? Au ris-
que de l'étonner, nous serons moins sévère
que lui pour les pauvres proviseurs ou direc-
teurs de nos établissements publics. Ils ne sont
pas toujours tels que nous les voudrions, mais

ils n'ont pas créé non plus, l'esprit qui anime les lycées. Ils l'ont trouvé existant ; et leur tort est de le laisser se perpétuer, soit qu'il y ait de leur part mauvaise volonté, ou ce que je crois plutôt, véritable impuissance.

Un élève en agissant droitement, honnêtetement, disons chrétiennement, s'est attiré l'animadversion de tous ses condisciples, et jugeant sa situation désormais insoutenable, il demande à partir, que doit faire le directeur dans l'opinion du sage et sévère Sarcey ? Blamer et punir sévèrement les uns, louer et soutenir fortement l'autre ? Oui, mais, cette conduite très correcte, sans doute, éteindra-t-elle les haines, calmera-t-elle des passions qui ont soif de vengeance, ramènera-t-elle au sentiment de la justice des âmes égarées par la colère, desséchées par l'impiété ?

On ne croit pas dans les lycées à la perte des âmes par la perte de la foi ; la perte des âmes peut-elle se faire ; existe-t-elle ? On craint les criailleries des dévots, on redoute le scandale et les mauvaises notes dans les cahiers de la haute administration. La religion est l'affaire exclusive de l'Aumônier ; et, s'il y échoue, la responsabilité qui s'en suit le re-

garde exclusivement. Les maîtres d'en haut et
d'en bas ne peuvent avoir qu'une chose en vue,
faire des savants et des gens honnêtes, qui ne
voleront ni ne tricheront au jeu, ni n'assassi-
neront sur les grands chemins ! Si le lycée ne
peut remonter le courant d'impiété qui l'emporte cela regarde les parents et l'aumônier, dit
M. Sarcey. Ainsi donc, on veut que le prêtre,
dans nos lycées, lutte seul pour la religion,
fasse à lui seul toute l'éducation chrétienne de
la jeunesse ! L'aveu est précieux et mérite
conservation. Nous demandons à M. Sarcey
qu'elles sont les causes de ce courant impie,
dont-il avoue l'existence dans les maisons universitaires. Provient-il des élèves ou des
maîtres, ou des uns et des autres, recevant sa
force et son impétuosité de ces deux influences
qui se pénétrent ? Comment est-il juste, alors,
de vouloir que le prêtre lutte victorieusement
contre les forces combinées de tous, coalisées
contre la sienne propre ? Comment est-il juste
de le rendre responsable du discrédit absolu
de la religion dans les lycées ? Ah ! il lui faut
un viril courage, à cet homme de Dieu, pour
vivre au milieu de vous dans la situation que
vous lui faites ! sans doute, il y a une classe

de parents qui vous livrent des enfants sans religion et sans foi, mais le nombre en est très petit, tandis que que le nombre de ceux dont vous trahissez la confiance est immense. Comme vous le dites fort bien, la religion, quand elle est sévère, éclairée, est une grande force entre les mains de l'homme, une force telle que vous ne pouvez en soupçonner toute la grandeur : les parents le savent et ils désirent n'en pas priver leurs enfants, chose que vous ignorez, c'est que cette force est le principe de toute soumission dans les élèves et de tout bon commandement dans les maîtres.

La perte de la discipline, que vous déplorez avec une si touchante amertume, ne vient que du dépérissement de cette force. Car elle seule peut former cet équilibre parfait de volontés opposées qui se font la guerre, où elle réside, le règlement est accepté avec respect, même quand il contrarie le plus violemment, et ceux qui en ont la garde ne sont pas exposés à céder à des solicitations périlleuses. Cuirassez l'âme de vos proviseurs, galvanisez-la tant que vous voudrez ; qu'ils soient de vrais Spartiates pour le courage et le respect de la consigne, je les défie de faire une bonne discipline. Le courant contre la religion que M. Sarcey a constaté existe tout aussi fort, tout aussi impétueux contre le règlement. Délivré du joug de la loi, pourquoi en accepterait-on un autre non moins lourd à porter ? L'enfant, le jeune homme qui ne craint plus Dieu, qui ne voit pas ses lieutenants en ses maitres, n'a devant lui que des hommes, ses égaux. Pour son avantage, il leur empruntera leur science, mais au moindre détriment possible de sa liberté. Telle est la logique inexorable des choses. Quand ces hommes le menaceront des châtiments dont ils disposent, il usera de ruse et d'habileté pour y échapper ; et s'il réussit, il jouira ouvertement de sa victoire. Que M. Sarcey se désole tant qu'il voudra, le mal qui le fait gémir est irrémédiable. Sa chère université sera toujours le scandale des dévots, et sa discipline pitoyable.

CHAPITRE III

Les Surveillants n'offrent aucune garantie de zèle et de vertu

Nous avons eu déjà occasion de parler des surveillants universitaires, mais l'importance

de leurs fonctions demande que nous leur con-
sacrions un petit chapitre à part. Cette classe
d'employés est comme la cheville ouvrière de
toute la machine universitaire. Sur elle repose
toute la surveillance des élèves en dehors des
classes et quelquefois même dans l'intérieur
des classes. Ils ont la présidence des dortoirs,
des études, des récréations, des promenades,
tout ce qu'il y a de plus pénible et de plus important. Un surveillant n'est pas la tête d'une
maison, mais il en est le bras. Il n'est pas la
direction, l'âme, la pensée, mais il en est le
ministre. Comme la vie d'une maison embrasse
une foule de détails toujours nouveaux et im-
prévus, dans beaucoup de cas le surveillant est
à lui même l'inspirateur de ses propres actes.
On ne peut contester que la magistrature dont
il est investi ne soit très haute, très redoutable
par les devoirs qu'elle impose, par les résultats
qui en sont la suite, par l'influence capitale
qu'elle exerce sur l'avenir de la jeunesse. Punir, gronder, louer, encourager l'enfant, soutenir le poids de ses peines, afin qu'elles soient
plus légères, partager ses joies afin qu'elles
soient plus vives ; lui adoucir les aspérités de
l'étude, lui amoindrir les difficultés de la vertu

en lui en découvrant toutes les amabilités par l'exemple et la parole, voilà tout autant de choses qui sont dans les attributions de la surveillance. C'est assez dire que, pour la bien remplir, il faut toutes les plus rares qualités de l'esprit et du cœur ; tact, prudence, dévouement, ordre, piété. L'Eglise le comprend si bien qu'elle ne la confie généralement qu'à des prêtres qui, aux vertus de leur sublime vocation, joignent les connaissances de l'expérience.

Ainsi n'agit pas l'Université. Elle n'emploie à cet office redoutable que des jeunes gens qui n'y font que passer, qui le remplissent avec dégoût et qui ont hâte d'en sortir. Ils sont là comme dans le stage du professorat, en attendant qu'ils aient subi avec succès les épreuves de la licence. Le grade obtenu, ils se délivrent de leurs pesantes chaînes et deviennent professeurs.

Il leur est enjoint de ne point se familiariser avec les élèves, de les tenir à une distance respectueuse, et de fait, une familiarité douce qui tournerait au profit des uns et des autres est radicalement impossible dans les lycées par suite de l'esprit qui y règne. A leur début, il n'est pas rare que de jeunes surveillants que l'université recrute dans nos séminaires ou établissements ecclésiastiques, s'essayent à conduire leurs élèves par le cœur, ils ne tardent pas à virer de bord et à changer de tactique en voyant leurs efforts de douceur tourner au détriment de leur autorité. Ils apprennent vite, à l'école de l'expérience, qu'il leur faut une voix brève, énergique, implacable. J'ai connu un honnête jeune homme, qui ayant à punir pour la première fois un élève dont-il connaissait et fréquentait la famille, crut bon de lui adresser quelques paroles amies ; peine perdue, l'élève se moqua de lui et le trouva tout simplement naïf *et bête*. Etonnez-vous après cela, qu'il règne au sein de nos écoles universitaires un esprit permanent de sourdes menées qui conduisent à de bruyantes révoltes ? Lorsqu'il y a fusion entre, maîtres et élèves, ceux-ci n'ont aucun mécontentement, que ceux-là ne connaissent, et le connaissant, ils le guérissent, s'il est légitime, le brisent sans effort et sans éclat à son principe s'il est injuste et mal fondé ; mais, où la scission existe, comment prévenir, guérir, briser le mal avant qu'il soit tempête ? Il me souvient d'un autre surveillant dont les gros bonnets du lieu doutèrent des succès, parce que n'ayant pas encore subit le feu des batailles, il louvoyait à travers les difficultés au lieu de les attaquer de front sans entrailles et sans pitié. Intelligent, il se corrigea. Depuis, il est brave comme le soldat, il distribue les punitions comme un vieux routier, il manœuvre bien sa division lui rendant œil pour œil, dent pour dent. C'est un dur métier, tout de même que celui de surveillant là où la foi est sans empire. Calice amer dont nul n'approcherait les lèvres s'il ne fallait y goûter pour s'ouvrir les portes de la carrière. Rien, non rien n'allége le poids écrasant que porte le surveillant universitaire. Le mépris dont il se sent frappé, l'hostilité tracassière dont on le poursuit, non seulement l'avertissent qu'il n'a d'autre influence que celle de la crainte, mais encore qu'il doit renoncer à toute idée d'apostolat moral. Je ne connais pas de pire situation que celle d'un homme intelligent et honnête qui, voué à la carrière de l'enseignement, est obligé de s'avouer inutile à ses élèves. Vivre impuissant au milieu d'enfants, jeunes plantes qui peuvent ramper à terre ou s'élever, pleines de force et de beauté dans les airs, embaumer le monde de leurs parfums ou l'empoisonner de leurs exhalaisons fétides, quoi de plus triste et de plus affligeant ! **Mais** les surveillants universitaires n'échappent que trop à leur tristesse.

La joie qu'ils ne trouvent pas audedans, ils la vont chercher audehors. Les satisfactions intimes que le vaillant homme de bien trouve dans la paix d'une conscience qui n'est occupée que de préparer pour l'avenir de dignes citoyens de la Patrie et de dignes enfants de l'Eglise, eux la remplacent par les joies frelatées du monde extérieur. Leurs réunions sont au café dans le boire et la tapagie.

Il faut croire que l'air universitaire est particulièrement saturé de protestations contre nos saintes croyances, car elles tiennent peu dans le cœur de ceux qui le respirent. Un jeune séminariste, élevé sur les genoux de l'Eglise, écrivait, un moi après son entrée dans l'Université à un sien ami, qu'il croyait encore à Dieu, à l'âme, à son immortalité, mais que pour le surnaturel et tout le reste, il l'avait jeté pardessus les ronces. On cherche la source de ce hideux et fatal matérialisme qui devient le bon ton de la jeunesse des hau-

tes écoles, comme si elle était d'une diffi-
-culté extrême à apercevoir ; le lycée, la voilà
parbleu toute grande, patente, classique. Je
ne sais qui, faute d'aller le vérifier, a dit que
les deux pôles possibles de la croyance étaient
le catholicisme au sommet le matérialisme à
la base. Depuis longtemps on ne pratique
qu'un bout de catholicisme dans nos lycées ;
ceux qui en sortent deviennent matérialistes.
Si mon affirmation trouve quelques difficultés
â être crue, je me rabats désuite sur l'argu-
ment de la statistique. L'université y a trop
recourt quand elle a une bonne thèse à démontrer, pour, nous mêmes, nous priver de son
appui. Etant donné le nombre immense de matérialistes qui sont en France, les acclamations
célèbres de l'école de médecine de Paris en
faveur des professeurs matérialistes, il s'agit
de déterminer le lieu d'origine de cette armée
envahissante plus redoutable, ma foi, que celle
des Huns et des Vandales. Vient-elle de chez
les Jésuites, les Maristes, les Pères de la Croix
qui ont des colléges, des petits séminaires et
institutions ecclésiastiques ? On ne peut le
supposer. Les matérialistes ne nous adresse-
ront jamais le reproche de les avoir formés.

Le matérialisme est-il du genre des animal-
cules de M. Pouchet qui naissent sans parents
sans germe ? Peu le croiront. Ils viennent de
l'Université, vous dis-je : C'est là qu'est leur
éclosion naturelle. Cette terre a en ce genre de
produits une fécondité merveilleuse. Ses sucs
naturels et les pluies dont-elle est arrosée les
font germer et croître à ravir. Nous ne prétendons pas que tous atteignent le même développement. Il est notoire que M. Sarcey et
Edmond About, jadis cultivés sur ce sol, mon-
tent à des hauteurs particulières ; entre tous
cependant, il y a les ressemblances de la famille et de la parenté.

Quand je vois l'Etat se faire Université, je
me demande ce que l'Etat attend du matérialisme. Ceux dont l'histoire célèbre les vertus,
ceux qui ont honoré leur pays par l'éclat de leur
génie tout entier consacré aux nobles choses,
ceux enfin dont les arts, les lettres les sciences, la charité et la bienfaisance gardent les
noms glorieux, n'ont jamais professé le matérialisme. Que si cette abjecte doctrine, au lieu
d'abaisser les esprits et les caractères, de ruiner
morale et vertu, de détruire toute inspiration
généreuse, à la propriété jusqu'ici nullement

soupçonnée, de perfectionner les individus et les sociétés, l'université doit le dire et le démontrer. Je le déclare en toute franchise ; ce qui, déprécie le plus à mes yeux, nos législateurs, nos hommes d'Etat et nos gouvernements, c'est notre système d'éducation tel qu'il existe depuis soixante ans. L'Etat universitaire possède pour deux cent cinquante millions d'immeubles, dépense annuellement une cinquantaine de millions, et cela pour gangréner la jeunesse de vices, pour ruiner sa foi, corrompre son cœur ; et rien ne fait contre une pareille aberration ? Nous changeons tout, rien ne résiste au souffle destructeur de nos révolutions, rien, si ce n'est le monopole universitaire ? J'entends des voix me crier que nous avons l'enseignement libre ; je réponds : non ; et je le prouverai ailleurs. Si votre conservation vous touche, ô gouvernements, si vous voulez accélérer la marche de la nation dans la voie du progrès physique et moral, si vous voulez établir le respect de l'autorité et du devoir : Hatez-vous de détruire le code suranné de vos lois sur l'enseignement. Qu'il soit absolument libre, afin que le bien puisse combattre le mal, afin que l'émulation perfectionne les méthodes, détruise les abus.

Il ne faut pas rendre la surveillance telle qu'elle se pratique dans les lycées responsable de tout le mal qui en sort ; mais, il est juste de lui en rapporter une partie considérable. Il est évident que le bien ne peut passer du surveillant à l'élève qu'à deux conditions, la première est que le surveillant ait du bien dans l'âme, et la seconde qu'il veuille et puisse le transmettre. Hélas ; la première manque généralement et la seconde constitue une véritable impossibilité.

Comment pourrait-il être un foyer communicatif de chaleur morale, le cœur de ce jeune homme qu'excède et la fatigue et l'ennui, qui porte avec dégoût le poids du jour et de la nuit qu'agitent plus d'une passion sans compter celle de son avancement dans la carrière ? Il aurait besoin de beaucoup recevoir, on ne voit guère ce qu'il pourrait donner. Donner, mais la loi le lui défend et cela lui est d'ailleurs impossible. Il lui est enjoint de mener son troupeau avec la dignité raide d'un chef militaire. Quant aux communications de l'amitié qui frayent le chemin aux paternelles remontrances, aux sages corrections, aux salutaires avis, il doit les éviter comme l'écueil où irait se briser son autorité. Il est par là même condamné à toujours ignorer la trempe intime de chaque caractère, le joint par où se laissent prendre les plus difficiles, les tendances bonnes ou mauvaises de chacun, choses sans lesquelles on ne peut prétendre bien diriger la jeunesse. Aussi, quand il manie le glaive de l'autorité, quand il inflige des punitions, on le voit n'avoir qu'un seul souci, ne viser qu'à un seul but, briser le délinquant, arrêter le désordre dans ce qu'il a de matériel sans se douter que pardessous, il laisse subsister, et bien souvent ne fait qu'envenimer le désordre moral. Un cavalier qui cherche à dompter un cheval fougueux, capricieux, rétif, lui passe, après l'avoir frappé, une main caressante pour lui apprendre que le fouet et l'épéron ne s'adressent qu'à ses vices; faudra-t-il que l'enfant soit moins bien traité que l'animal ? En vérité, la rougeur monte au front de dépit, et l'on ne peut contenir son indignation, lorsqu'on voit tant de parents livrer avec une déplorable bonhomie leurs enfants à des mains mal habiles, inexpérimentées, dépouillées des mille délicatesses de la religion et du cœur. Il est vrai que pour la plupart, ils ont l'excuse de l'ignorance. Le nombre des naïfs est grand, qui voient dans l'Université la reine des sciences et la mère des vertus. Pour les désillusionner, il faudrait que beaucoup de voix énergiques se fissent entendre, répétées par tous les échos de l'opinion, tandis que malheureusement ces voix sont rares et étouffées par la compression. A la faveur du silence, l'université dort tranquille sur son doux oreiller de rentes et de priviléges, et si de temps en temps, ce silence est rompu par les cris qui s'échappent de la conscience catholique indignée du mal présent et justement alarmée du mal plus grand encore que l'avenir réserve, de faux Rhéteurs s'élèvent qui démontrent par toutes sortes de mauvaises raisons que l'Etat est le meilleur maître de la jeunesse. Ne cessons point de les combattre et d'espérer le triomphe.

Nous n'avons fait qu'ébaucher dans ce chapitre ce qu'il y aurait à dire du *Pionnage*, et dans le tableau à courte dimension que nous en avons fait, nous n'avons employé que la couleur grise, laissant la noire de dessein prémédité, afin de nous ménager quelque droit à la reconnaissance de l'université.

CHAPITRE IV

Les professeurs ont les croyances philosophiques et religieuses les plus diverses.

Je comprends que le père de famille qui a pour seule et unique intention, qu'on apprenne à son fils le grec, le latin, les sciences, fasse choix d'un lycée. Ce n'est pas que là on enseigne ces choses avec plus de compétence et de succès qu'ailleurs, mais enfin, on les y enseigne, et même très correctement. Que si, au contraire, mû par la tendresse qu'il porte à son enfant, il requiert pour lui, non pas seulement les lettres et les sciences humaines qui développent et ornent l'esprit, mais encore les préceptes, les maximes, les exemples qui forment et dirigent le cœur, je le prie de me dire qu'elles peuvent être les garanties que lui offre le lycée. Je sais qu'on peut différer sur le choix de ces préceptes, de ces maximes, de ces exemples. On peut les chercher uniquement dans la religion, comme on peut les demander à telle secte ou telle forme de la philosophie ; mais il n'est pas admissible qu'on veuille s'en passer et faire de l'éducation sans base. On comprend des colléges protestants, juifs, libres-penseurs ; on ne comprend pas de lycée, à moins que comme M. Challemel-Lacour, on ne veuille les lycées pour élever des générations dont toute la religion tiendra dans les *Droits de l'Homme* et les principes de la Révolution.

Être père, c'est avoir l'obligation d'une conviction ferme sur les fondements du bonheur, sur la manière de le chercher et de l'atteindre le plus possible. La science qui rend apte à fournir une carrière est nécessaire, et je comprends l'âpre ardeur des parents à la voir acquérir par leurs enfants. C'est elle qui leur donnera, avec la subsistance, l'honneur et l'indépendance de la vie, une honorable aisance sinon la richesse. Mais ces sortes de biens, encore qu'ils soient très utiles et en quelque sorte indispensables, ne constituent pas le bonheur. Il ne faut pas que l'homme le cherche dans les objets placés hors de lui ; il faut qu'il le tire de son propre fond. Il faut qu'il en soit le maître et que rien au monde ne puisse le lui enlever. Un bonheur fragile comme tout ce qui tient à l'ordre terrestre n'en mérite pas le nom. Le bonheur, pour être stable et réel, doit être placé au-dessus et en dehors de l'honneur mondain, de la fortune, de la santé. Il faut qu'il réside dans l'esprit et dans le cœur, dans nos pensées et dans non affections.

Le père qui cherche le bonheur pour son enfant veut donc que les maîtres qu'il lui donne soient aptes à lui indiquer le chemin du bonheur et à l'y faire marcher, à lui communiquer les pensées et les sentiments qui sont les plus propres à l'assurer.

L'enfant est une fleur pleine de délicatesse; mille soins doivent en assurer la croissance, le coloris, les parfums. Qu'elle vienne à tomber sur un sol rocailleux, aride, rempli d'herbes, pauvre de sucs nourriciers, elle s'étiole et se brûle au soleil. Or, les parfums de l'âme, sa force et sa beauté ce sont les vertus; et la sève qui la nourrit, ce sont les vérités qui la fixent invariablement sur ses origines et ses destinées. Il ne faut pas croire que l'homme puisse goûter

un instant de bonheur en ayant la vie actuelle comme son but et sa fin; c'est pourquoi,
toute éducation est fausse, meurtrière de
l'âme, qui n'éclaire pas, ne tranquillise
pas cette vie en éclairant le trépas.

A ce compte, je ne vois pas qu'un père,
à moins d'illusion grossière, puisse confier
son enfant aux professeurs universitaires.
En effet, ils sont les fidèles de toutes les
religions les plus contradictoires. N'a-t-on
pas vu un professeur de l'université avancer du haut de sa chaire que du moment
qu'il n'y a plus de religion d'État, le maître qui enseigne au nom de l'État, doit être
également favorable à toutes les religions?

Un tel système d'indifférence est la mort
de tous les cultes et particulièrement du
culte de nos aïeux. Mais cette conséquence
n'a rien qui doive effrayer. Le même professeur aperçoit avec joie poindre à l'horizon
une nouvelle religion qui, ayant la raison
pour base, sera la religion de l'humanité.
Le Dieu de cette religion ne sera circonscrit
dans aucune enceinte, la voûte des cieux
sera son temple.

Il est dans la nature de l'Université de

ne pouvoir donner aucune garantie de religion et de foi. Ses membres sont ce qu'ils veulent, athées, francs-maçons, sceptiques, impies sans qu'ils aient à redouter la censure. La liberté de penser qu'ils s'arrogent ne peut être blâmée, elle est leur droit à ce qu'ils pretendent, mais elle n'en constitue pas moins une monstruosité révoltante en ce qu'elle est la loi d'un corps qui jouit, dans l'instruction, de priviléges et d'immunités effroyables.

Que le maître de la jeunesse ne relève que de sa conscience dans l'importante affaire de ses convictions, il faut bien l'accepter comme une nécessité des temps présents, à la condition qu'il soit placé dans le droit commun et qu'on sache à quoi s'en tenir. Quand la famille sera instruite de la liberté de croire et de penser qui fleurit dans l'Université et que cette liberté ne pourra plus tromper personne, ni s'imposer, alors nous serons désarmés, et nous cesserons de nous plaindre.

Mais que de familles d'honnêtes employés, réduits à profiter des secours que l'État met à leur disposition pour l'éducation de

leurs enfants, les mettent au lycée avec le
plus ardent désir que la religion préside à
leur développement, à leur formation !
Combien d'administrateurs candides et de
bons bourgeois croient son séjour innocent,
moral, religieux ! C'est ainsi que, soit ignorance, soit gêne pécuniaire, beaucoup livrent l'âme de leurs enfants à la corruption
et à l'impiété.

Le remède efficace à ces maux serait la
liberté vraie de l'enseignement, qui n'existera jamais tant qu'il y aura un enseignement d'État. L'État ne doit pas être éducateur parce qu'il ne peut l'être sans bles-
ser la religion et la liberté. Les écoles de
l'État son faites pour tous sans distinction
de culte; et la promiscuité des cultes, dans
les classes, oblige le maître à l'indifférentisme. Les écoles de l'État sont soutenues
par les deniers publics, et il est souverai-
nement injuste que ceux qui condamnent
son enseignement concourent à le payer.
Mais, puisque l'État n'est pas disposé à
laisser tout l'enseignement aux maîtres légitimes, tâchons de diminuer le nombre des
dupes de l'Université en la faisant connaître.

Le professeur universitaire, qu'on le sache, est un maître de science et de littérature, mais rien de plus. Le nombre de ses élèves est généralement si considérable que ses forces suffisent à peine à leur faire parcourir les matières du programme. Il n'a aucun temps , décidé d'ailleurs qu'il est à s'éviter de la peine, à consacrer à l'amendement des paresseux, au redressement des défauts et des travers de chacun; et, quant à nourrir leur intelligence de nos dogmes sacrés ou former leur cœur des maximes qui en découlent, il ne s'y essaie même pas. Attendre qu'il sorte un chrétien convaincu des mains cupides et mercenaires de l'Université serait peine perdue.

Demandez à l' Université, vous qui en êtes les amis, des ingénieurs pour vos usines, vos chemins de fer, vos télégraphes, des médecins pour ne voir dans nos corps que d'ingénieuses machines, des avocats pour plaider toutes les causes justes ou injustes, des législateurs pour ne voir dans les lois qu'une règle savante des rapports humains, à la bonne heure; mais ne lui demandez pas des chrétiens. Ce produit de la bonne éducation et de la grâce de Dieu est au-dessus de sa portée, en dehors de ses calculs.

S'il fallait dire comment on s'y prend dans nos institutions religieuses pour former les hommes qui honorent toutes les carrières par la beauté de leur caractère, la fermeté de leurs convictions, la pure honnêteté de toute leur vie, nous serions entraîné plus loin qu'il ne convient; mais on verrait clairement que l'Université ne saura jamais les produire avec ses procédés. D'abord, on y entoure l'enfant d'une atmosphére d'innocence et de pureté. Il n'a sous les yeux que des exemples de vertu. Ces exemples lui sont donnés par tous ses maîtres, depuis le premier jusqu'au dernier, qui s'efforcent de marcher d'un pas allègre et soutenu dans la voie des conseils évangéliques pour mieux marquer à ceux qui les entourent qu'ils doivent au moins marcher dans celle des préceptes. Aux exemples, chacun joint la puissance de la parole. La parole est le reflet de l'âme, et pour une âme remplie de l'esprit de Dieu, tout sert de thème, et d'occasion pour chanter sa gloire, proclamer sa puissance, établir son empire. Il est à plaindre le maître qui fait la classe uniquement pour résoudre des problèmes ou étudier les belles-lettres. Il ne fait qu'une œuvre éphémère dont la limite est le trépas, tandis que le maître chrétien, sans négliger la terre, a les yeux toujours fixés vers le ciel.

Nous avons établi que par situation le professeur universitaire doit pratiquer l'indifférentisme, ajoutons que si par hasard il est religieux, il peut à peine le laisser deviner, tandis que s'il est impie tout en lui le proclame : une pensée, un geste, une réticence, une ironie. Dans le premier cas, son action est paralysée en ce qu'elle aurait de bon; et dans le second elle a une efficacité pernicieuse. Voltaire par ses railleries a fait plus de mal que Rousseau par ses élucubrations philosophiques. Tel qui résiste à une attaque de front, perd contenance dans une guerre d'escarmouches. L'orgueil qui fait le fond de notre nature corrompue porte la raison à s'insurger contre la raison supérieure qui est Dieu, contre tout ce qui est mystère, contre tout ce qui est placé au delà du faible horizon que notre vue embrasse : imaginez donc avec quelle impétueuse violence doit se jeter dans l'incrédulité ce jeune esprit dont un maître libre-penseur favorise les inclinations ! Déplacer l'homme du monde naturel pour le transporter dans le monde surnaturel de l'Évangile est une œuvre infiniment laborieuse, tandis que développer en lui les tendances perverses de notre nature est chose bien aisée.

L'Université recrute ses professeurs où elle peut, comme elle peut, au mieux de ses besoins et de ses intérêts ; mais, comme en dépit de l'honneur et de l'argent qu'elle donne, l'enseignement est un bien sot métier, à moins qu'il ne soit un apostolat, ses professeurs et ses fonctionnaires n'ont jamais tenu dans le monde des arts, des lettres, et surtout de la philosophie qu'un rang secondaire : ils n'ont guère su que démolir et stériliser. Il n'y pas une vérité, si sainte, si fondamentale qu'on la suppose, qui n'ait été bafouée par l'un d'eux, ou par plusieurs ensemble. Et aujourd'hui même, l'Université peut revendiquer la gloire de fournir à le presse radicale ses plus illustres champions, tels que les Challemel-Lacour, les Sarcey, les About, et tant d'autres dont s'énorgueillit la libre pensée.

Pour peu que la société continue à se nourrir des maximes qui ont cours dans son sein, sans croyance et sans principe, elle sera bientôt suspendue dans le vide, prête à tomber dans le plus profond des abîmes. On rapporte de Fabricius qu'ayant appris de Cineas les maximes des Épicuriens, il proféra ces paroles que nous livrons en méditation à l'Université: « O Hercule, envoie de tels instituteurs aux plus cruels ennemis de Rome. »

On dirait qu'un sourd et profond malaise suit partout les gens de l'Université. Ils sont brouillés avec l'amour qui habite volontiers les cœurs paisibles entrés dans leur vraie voie, ils ont la haine et l'envie de ceux dont la carrière fut imposée par le besoin plutôt qu'élue par un libre choix.

L'universitaire est généralment un fruit sec des autres administrations, assez souvent un transfuge de l'Église, qui prend plaisir à mordre sa mère. Volontiers, il aurait été avocat, médecin, magistrat ou autre chose, mais les ressources pécuniaires faisant défaut, il se jeta dans l'enseignement. Le poids lui en est lourd, il le porte avec tristesse, il le jette bas quand il peut. Pour lui, instruire c'est gagner du pain, c'est tenir un rang.

Le prêtre qui se sert de la science pour mener à Dieu, et le laïc qui s'en sert pour gagner un traitement et de l'honneur, sont à des pôles opposés. Ils ne sauraient donc conduire l'enfant, l'un l'autre, au même point. Aussi, les confondre dans une même confiance, est de la part des pères de famille ou une grande faute, ou une fatale ignorance. On ne peut que gémir quand on voit des parents occupés du choix d'une institution secondaire discuter de site, de regime, de science, au lieu de considérer avant tout l'esprit de la direction. Négligeant les différences, les séparations profondes, radicales, ils se déterminent par les côtée secondaires, par ceux dont l'influence est accidentelle, point décisive. Aussi, tels qui ont commencé par l'Université, trouvent naturel de finir par les jesuites, tout comme s'il était possible d'être radical avec les

Droit de l'homme ou le *Rappel*, et clérical avec l'*Univers* ou le *Monde*. Que l'Université ait des amis, nous le comprenons, à la condition qu'ils soient les ennemis du clergé. Tout conspire dans nós maisons ecclésiastiques à faire de l'enfant un bon catholique, comme dans celles de l'Université tout tend à en faire un libre - penseur. Voilà la vérité; que les parents avisent.

<hr>

CHAPITRE V

Le proviseur est un honnête homme impuissant

Découvrons-nous devant cette majesté du lycée. Qu'il a dù suer cet homme qui est parvenu à travers tant de compétitions à un des sommets de la hiérarchie universitaire! Quel genre de mériter la porté dans les nues, ou quel genre d'influence, ignorons-le et respectons le secret des dieux. Il est de mode ici-bas, que chacun se hisse le plus haut par les moyens dont il dispose, et la discrétion veut qu'en fait de pouvoir, on ne regarde pas trop aux origines. Les questions d'origines sont toujours une étude délicate qu'on ne peut entreprendre sans dangers. C'est pourquoi on les laisse volontiers.

C'est un haut fonctionnaire que notre proviseur. Il est le premier après l'inspecteur, il a six ou sept mille livres de rentes et le logement gratuit aux frais de l'Etat. Pour ne déroger, il a soin de ne frayer qu'avec la société choisie, et pour se donner plus de lustre auprès d'elle, il doit l'inviter à danser dans ses salons ; nous cléricaux, avouons que nous sommes bien en arrière de moyens éducatoires ; celui de la sauterie cadencée nous fait entièrement défaut. Mais l'université nous répondra qu'elle ne se pique pas d'élever des enfants pour le cloître et que l'art de sauter étant du beau monde, il doit lui être permis de le cultiver dans son temps perdu sans être accusée de donner mauvais exemple. Homme d'humeur pacifique et sachant bien ce que coûtent de soucis les querelles, il se met au mieux avec les autorités qui l'entourent. Avant tout, il veut qu'on le laisse tranquille, et quiconque pourrait écrire de lui à Paris, a droit à ses saluts respectueux. Aussi bien, sans les soucis du dehors, en a t-il assez de ceux du

dedans. Chaque année, le ministre fait des
trous dans son personnel et lui donne des caractères nouveaux à étudier. Son pionnage
est un purgatoire où il expierait bien des pé-
chés s'il pouvait en commettre et s'en avouer.
Il a son censeur pour parer les premiers coups,
mais il est le dernier responsable, et cette
pensée ne laisse pas que de lui être lourde.
Messieurs, soyez la force et la prudence ; la discipline repose sur vous, amis et ennemis ont
les yeux fixés sur nous ; soyons dignes de leur
amour, déjouons leur haine. Comme noblesse,
honneur oblige, or, nous avons la garde de
celui de notre maîtresse, l'université, qu'une
noble émulation d'ordre et de travail règne
entre vos divisions, les grands donnant l'exemple aux petits et les petits marchant sur la
trace des grands. Aucune défaillance ne doit
atteindre vos âmes courageuses dans l'accomplissement du devoir ; sachez vaincre toutes
les difficultés, surmonter toutes les aridités
de la tâche qui vous incombe et bientôt le
sort plus doux vous récompensera avec lar-
gesse. Ainsi parle le proviseur quand il réu-
nit le soir des surveillants autour de sa per-

somme. Hélas ! Combien de choses s'opposent à ce que ses paroles aient l'effet qu'il en attend, surtout lorsqu'il est jeune dans le métier et a quelque foi dans l'éloquence ! La force de la modération est le partage des âmes qui ont puisé dans la religion l'habitude de vaincre, et l'amour du devoir, parce qu'il est le devoir, ne saurait habiter que dans les cœurs qui attendent de Dieu seul leur récompense. La soumission et le respect à l'égard des maîtres, l'observation du réglement, l'exact accomplissement des punitions qu'entraine la légèreté de l'âge sont choses faciles où la foi exerce son empire, mais n'attendez rien que de la force brutale dans ces réunions d'enfants et de jeunes gens qui se font une gloire de jouer à l'esprit fort.

Aussi que de malentendus qui dégénèrent vite en collisions de volonté entre surveillants et élèves : Que de colères, que de frémissements, que de passions créent entre ces volontés que l'éducation voudrait concordantes, harmoniques, des séparations profondes qui se traduisent au dehors par le désordre, et souvent par la violence ! Concilier, apaiser, juger, punir en dernier ressor est pour le pro-

viseur une rude affaire où sa digestion éprouve plus d'un trouble. Son omnipotence sur les
élèves et les surveillants peut, à la vérité, le
sortir de plus d'un embarras ; mais, si étendu
qu'il soit, son pouvoir n'est pas sans limites,
et surtout, il n'est pas sans contrôle. On peut
se plaindre de lui en haut lieu, on peut méconnaître sa justice et la pureté de ses intentions, on peut faire autour de sa personne un
bruit funeste à son repos. Au dessus des élèves et des aspirants répétiteurs se trouve
placé le corps des professeurs sur lesquels le
professeur exerce un pouvoir disciplinaire. Il
est leur supérieur et leur chef d'emploi, et,
comme il est responsable de la bonne fortune
du lycée, on conçoit que rien ne lui soit indifférent de tout ce qui, dans les professeurs, soit
au dedans, soit au dehors, est de nature à la
compromettre. Tout le touche et le regarde
dans leur conduite et leurs relations avec les
élèves, les parents et les étrangers. On comprend dès lors qu'il puisse, à certains moments s'élever des conflits entre le proviseur
et les professeurs d'un lycée. C'est avec ces
honorables fonctionnaires de l'Etat, et que
l'Etat seul dont ils tiennent leurs fonctions,

peut changer de place, qu'il aura plus d'une fois maille à partir. Il peut leur donner des avis et même des commandements, mais il est tenu de les subir.

Entre gens obligés de se fréquenter, on est réciproquement plein de déférence et d'égards, mais que de souffrances ne peut-on pas se causer, quels écheveaux de fils inextricables ne peut-on pas se donner à débrouiller ? **Ajoutons** que peu de services sont complexes comme ceux d'une grande maison d'instruction publique, et on pourra comprendre ou soupçonner les nombreuses difficultés qu'entraîne la charge de proviseur de lycée. Or, en face des difficultés quotidiennes de sa tâche, le proviseur peut-il s'occuper directement des enfants qui lui sont confiés ? Non, mille fois. Bien souvent, il ignore jusqu'à leurs noms, à plus forte raison ignore-t-il leur caractère, leurs penchants, leurs dispositions, à l'égard de la science et de la vertu. Il est un administrateur, tant que vous voudrez, il n'est pas un éducateur. Qu'il ait la dextérité voulue pour manipuler les fils qui viennent se concentrer entre ses mains et dont chacun tient un service, et on n'aura pas d'autres qualités à lui demander. Qu'il fasse mouvoir avec à-propos la petite armée d'employés de tout grade dont il est le beau commandant, et le reste de son temps, il pourra le consacrer à sa famille et à un repos mérité. S'il y a des gens qui croient un proviseur capable de s'occuper de l'enfance, de déscendre dans le détail de ses besoins, de la suivre de près dans sa marche souvent pénible et pleine d'arrêts, c'est qu'ils ignorent la position que lui est faite. Il est absolument comme un colonel qui passe de temps en temps la revue de son régiment, mais qui en connait peu les hommes. C'est à ses subalternes qu'il délègue le soin de les régir, de les discipliner, de les former, de les rendre propres à tout le service militaire. J'ai souvent prêté l'oreille aux bruits des salons, de la rue, du journal, dans le dessein de m'instruire sur la vie provisoriale et en saisir tous les aspects : j'avoue y avoir peu réussi. Ne serait-ce pas qu'elle ressemblent à celle des employés et fonctionnaires de toutes nos administrations ? Morrelet est un proviseur honoraire qui me veut beaucoup de bien. A cause de son âge et de ma jeunesse, il m'a donné et j'en ai reçu beaucoup de bons conseils. De toutes les causes qui me l'ont rendu cher et respectable, la plus considérable est qu'il m'a laissé penser, ce que j'ai voulu de son université. Il est d'une tolérance parfaite quoiqu'il l'aime bien, sache la défendre avec beaucoup d'art. Ne voit-on pas dans la casuistique, qu'il faut choisir de deux maux le moindre ? L'université, est un fait accompli, une institution dont je ne discute pas l'origine, mais que je trouve plantée sur le sol du pays. Elle y a poussé de si profonde racine que la détruire est une impossibilité.

D'ailleurs qui mettre à sa place ? Le clergé a ses paroisses, les corps religieux leurs missions, et tout autant de maisons d'enseignement qu'ils en veulent ou en peuvent mener. Me sentant bon, j'ai longtemps servi l'Université, croyant servir ma patrie et apporter une bonne pierre à un édifice qui, par mon fait, en comptait une mauvaise de moins. Le mal qu'on ne peut empêcher, il faut le circonscrire. Ce n'est pas tout d'aimer le bien, il faut le vouloir avec sagesse, le prendre dans la mesure où il est possible. Le mieux est l'ennemi du bien. — Tout doux, mon maitre ; il y a aussi dans la casuistique le chapitre de la coopération. Tout n'y est pas

d'une saisissante clarté, mais chacun y peut
prendre de quoi décider sa voie. Je me sers de
ma liberté d'appréciation consciencieuse pour
estimer votre université une œuvre de mal, et
à ce compte, mon devoir est de lui refuser
tout concours et aucune attaque à la seule
condition d'être loyal et honnête. Le bien ne
doit pas atayer le mal afin de le diminuer, il
doit faire tous ses efforts pour le détruire.
— Alors vous voulez détruire l'université et de ses ruines vous faire un pie-
destal où la postérité reconnaissante devra
planter votre statue ? Vous plaisantez, maître,
parce que vous me savez peu de moyens et encore moins de goût pour la gloire. Je dirai
de l'université tout le mal que j'en pourrai
savoir, et, mes écrits ne pouvant ruiner le
crédit de cette reine trop grisée d'honneur
et d'encens pourront, peut-être, la corriger
de quelques-uns de ses défauts, soustraire
quelques âmes à son influence pernicieuse.
C'est ainsi que je prétends la servir sans en-
gager ma conscience et servir les intérêts de
la bonne éducation. Vous m'avez donné à entendre que le jardin universitaire, parmi quelques belles fleurs, contient beaucoup d'herbes

vénimeuses ; les suaves parfums, vous deviez les respirer avec délices, mais, les ordures nauséabondes, les miasmes méphitiques, comment les supportez-vous ?

— Quelle demande d'enfant terrible qui prétend tout savoir pour tout divulguer ! Faudrat-il vous conter mon histoire et vous laisser lire dans ma vie ? Aussi bien, pourquoi des mystères entre nous qui aimons le bien d'un même amour sous le bénéfice de certaines différences d'appréciation ? Sous la direction de mon oncle, prêtre vénérable, qui ne transigea jamais avec son devoir pendant la tourmente révolutionnaire, j'étudiai le latin en lui servant la messe. Entre deux versions, je trouvais le temps de faire la chasse aux nids d'oiseaux, ou bien selon la saison, un tour aux cérisiers ou autres fruits de deux ou trois voisins amis de leur curé. Mon enfance partagée entre l'étude et les jeux avec les enfants de maître d'école s'écoula insouciante et heureuse jusqu'à l'âge de 17 ans, où il me fallut regarder l'avenir en face, et indiquer à mon oncle, le choix dans une vocation. Je me rendis grand séminaire. Il me fallut peu de temps pour reconnaître que je n'étais pas appelé au sacerdoce. Que faire, que devenir ? Mes parents étant pauvres, je ne pouvais me tourner ni vers le droit, ni vers la médecine, j'entrai dans l'université qui, à la vue de ma bonne mine, et sur certain petit bruit de mes talents, me reçut à bras ouverts. Je fis du *pionnage* pendant trois ans qui furent subsidiairement consacrés à me faire bachelier et licencié, après quoi, j'obtins une chaire de grammaire. Doué d'ambition, le succès augmenta au lieu de diminuer mon ardeur pour l'étude. A trente ans, j'étais docteur et agrégé, choses qui sonnent délicieusement chez nous. J'enseignai successivement les humanités et la Rhéthorique et finalement, je fus nommé proviseur, dignité qui a été mon maréchalat de France. — Et votre bonheur marcha-t-il toujours au pas de votre fortune ? — Si je voulais vous attraper, je répondrais oui, mais la vérité me contraint de dire, non. Il y a une immense misère à gouverner un petit bataillon de maîtres et d'employés, et c'est une charge terrible de porter la responsabilité de plusieurs centaines d'enfants ou de jeunes gens tels que vous les connaissez. Ils sont fins, déliés, pleins de ruses avec connaissances prématurées sous des formes agréables ils déguisent une insubordination calculée savante. Ils tiennent à honneur de n'avoir rien de commun avec les autres enfants de leur âge, et, faisant partie d'une maison de l'Etat, ils s'estiment volontiers une puissance. Un proviseur ne craint rien tant que le bruit et le scandale, et le bruit et le scandale, il les lui faut subir. Les siens le dénoncent, et les étrangers s'en prennent à lui de mille choses qu'il ne peut empêcher. S'il se laisse prendre à de certaines ruses très transparentes et dont il n'est pas victime, le journal sera là qui le traitera de sot et de corrupteur de la discipline, pourtant, il n'a voulu être trompé que pour la conserver. M. Sarcey, pousse de hauts cris dans sa feuille gauloise parce qu'un proviseur de Paris qui, au nom de la règle, refuse un congé demandé et puis l'accorde à la sollicitation d'un grand personnage, je voudrais le voir entre l'enclume et le marteau et considérer sa prudence et sa bravoure. On voit bien qu'il n'a été que professeur de philosophie. Il n'y a rien de commun entre faire une classe et être proviseur, pas plus qu'il n'y a de similitude entre l'esclave qui

travaille poussé par le knout d'un maître bar-
bare et l'homme libre qui dépense ses forces
selon ses besoins et son plaisir. Nous avons
mille tyrannies à subir du dedans et du dehors; et parce que nous avons le premier rang,
il est convenu que chacun a le droit de nous
juger. Bref., on est absolument malheureux,
et c'est pourquoi, j'ai pris ma retraite. A votre
profond silence, je juge que je fais en ce moment vos affaires'; au moins, ne soyez pas
méchant pour les proviseurs.

À notre avis, rien ne prouve mieux la gra-
vité de la maladie morale dont l'université est
atteinte que le profond découragement des
gens de bien qu'elle compte parmi ses membres. Ils en sont tous réduits, quand on les
presse d'arguments, d'observations et de faits,
à plaider les circonstances atténuantes. On en
voit parmi eux qui, mettant comme de juste,
les intérêts sacrés de la famille au-dessus des
considérations de position envoient leurs enfants dans des institutions religieuses. Nous,
nous ne serons pas sévère pour les chefs des
lycées qui sont tous choisis, sauf de rares ex-
ceptions, parmi ceux que la science et de sérieu-
ses qualités morales ont depuis longtemps mis

en relief ; mais, nous avons bien le droit de
dire que s'ils font peu de mal, ils ne font pas
grand bien. Ecrasés par le poids d'une lourde
administration ; toujours aux prises avec les
difficultés d'une vaste correspondance officieu-
se et officielle, ils ont peu de contact avec
les élèves, et quant aux professeurs ils ont
ceux que le ministre envoie, et ils les subissent tels qu'ils sont.

On rencontrerait difficilement un proviseur
qui n'eût une joie profonde à voir, un jour de
grande fête, de nombreux élèves s'asseoir à
la table sainte ; mais, si tous ou presque tous,
ne sentent qu'un fatal dégoût, qu'un fatal éloi-
gnement pour le plus saint et le plus salutaire
de nos mystères, que voulez-vous qu'il y
fasse ?

Quel proviseur ne s'estimerait heureux de
gouverner des maîtres chrétiens, des enfants
dociles, simples, studieux ; mais que voulez-
vous qu'il fasse si ses professeurs sont des
libres-penseurs, et si les lycéens ont généralement l'étourderie du vice et inspirent tous les
dégoûts qu'on sent pour les corruptions an-
ticipées ? Il se taira, gémira en silence et jettera sur le tout un manteau protecteur.

Quel proviseur pourrai voir d'un œil indifférent de nombreux jeunes gens étudier leur religion, les fondements de leur foi sous la direction d'un prêtre zélé et instruit ; mais que faire si à la place de devoirs sérieux, raisonnés, convaincus, il leur plaît de livrer des facéties libertines et impies ? C'est à chaque instant du jour qu'un chef d'établissement universitaire a à gémir sur son impuissance, à déplorer le mal qui se fait sous ses yeux sans pouvoir y porter remède. A ce travail de protestations stériles, solitaires, où son âme prend l'habitude du mal, ou bien elle appelled de tous ses vœux l'heure de la retraite qui sera l'heure de la délivrance. L'impossibilité du bien dans l'université est à ce point évidente que beaucoup de ses membres demandent la destruction du monopole et la liberté de l'instruction publique. Là seulement, est le remède ; là la guérison à tous nos maux. Quand l'activité privée aura carte blanche dans l'éducation de la jeunesse, le vice n'existera que là où on voudra bien le tolérer. Réduit à n'avoir aucune faveur pour le protéger, on pourra librement le poursuivre, et il n'y aura que ceux qui veulent l'ériger en vertu, qui iront à lui.

Ainsi tout sera dans l'ordre, chacun étant maître de son choix et n'ayant que ce qu'il a bien voulu.

CHAPITRE VI

L'inspecteur Universitaire juge et partie

Vous voici devant un personnage qui tient une place marquée dans le rouage universitaire. Il est roide, compassé. Sa parole est brève comme toute parole qui sent son importance. Il regarde peu en face, il n'a jamais de sourire sur les lèvres. C'est ainsi du moins que nous l'avons toujours connu et pratiqué. Que de sujets d'animadversion il y a entre l'Inspecteur et nous ! Il vient, la loi en main, s'enquérir de notre moralité, et nous la croyons mieux établie que la sienne, ayant plus de motifs que lui d'être moraux. Il vient regarder si, moraux pour nous-mêmes, nous le sommes dans les enfants confiés à nos soins, et cela même, nous le considérons comme une injure. S'il survient, autour de nous, quelque fredaine

dont il s'empare avec plaisir, ne serait-ce
que pour montrer son utilité et se faire
valoir, au fond de nos âmes silencieuses,
nous crions : *medice, cura teipsum.* Oui,
guéris-toi toi-même, les tiens plus mala-
des que nous. Tout cela explique assez bien
son embarras à nous inspecter, et le nôtre
à le regarder faire. Nous nous sentons en
mutuelle inimitié. Ce juge que la loi nous
donne, nous le recevons avec respect, mais
nous le recusons au fond de nos consciences. Cette récusation, parfaitement connue
de celui qui en est l'objet, ne peut que nous
le rendre hostile.

L'Inspecteur est une quintessence universitaire, n'est-il pas naturel qu'il soit
tendre pour les siens et sans cœur pour
nous? Il y a et il y aura toujours hostilité
entre le clergé et l'Université. Malheur au
prêtre qui se fait son ami, serait-ce en vue
du bien; un jour ou l'autre sa conscience
aura à se jeter dans des compromis fâcheux.
Les causes de cette hostilité éclatent à tous
les yeux. Il n'est donc pas plus juste que
l'Université inspecte le clergé qu'il ne le
serait que le clergé inspectât l'Université

telle qu'elle est constituée. L'équité la plus
élémentaire exige que si on veut des Inspe-
teurs en dehors des magistrats de la commune, on les choisisse neutres. Quand
l'Université franchit le seuil de nos maisons,
elle y entre par les droits du monopole ; elle
y vient en foulant aux pieds la plus sainte
des libertés.

L'Inspecteur a trois genres de maisons
à visiter : les cléricales, les laïques et les
universitaires.

Le voici en route pour une des premières.
Il se cache, pour n'être pas aperçu. Il se
blottit, une nuit, dans une chambre d'hôtel,
et de bon matin, il va surprendre son monde
en tirant la sonnette en homme qui sent sa
valeur. L'Inspecteur, même pour les cléricaux, a plus d'un visage et plusieurs sortes
d'humeur. Il est de tradition, bien vile
celle-là, parmi les gens en place, qu'ils
sont doux et aimables, au moins patelins
ou réservés avec les puissants, hargneux,
difficiles avec les faibles. L'Inspecteur n'y
déroge pas, à moins que vous le supposiez
du tout petit nombre des magnanimes. Si
vous êtes fort, si comme pour les chênes

des montagnes, les plus grands vents vous sont évidemment zéphyrs, que lui servirait-il d'enfler ses outres des souffles de la colère? Êtes-vous arbuste, fraîchement planté dans le sol, et là où l'Université pousse ou prétend pousser ses racines pour y sucer toute la sève, ah! tenez-vous bien et ne soyez pas sans crainte. Récurez, fourbissez, ôtez les toiles d'araignées, frottez la poussière et veillez, et quand tout ira bien, ne soyez qu'à demi tranquille.

Mais de quoi, en résumé, se compose cette visite? Donner un coup d'œil à la propreté générale des classes, dortoirs, réfectoires, vestiaires; voir si la soupe est bonne et si aucun livre immoral n'offusque les yeux; noter le nombre des maîtres et celui des élèves pour les besoins courants de la statistique, la voilà tout entière. Au point de vue de l'utilité, elle est une des plus grosses bévues gouvernementales. La religion et l'Évêque, dans nos établissements, surveillent la morale, et les familles l'hygiène et la propreté bien mieux que l'inspecteur ne saurait le faire.

Suivons-le chez les laïcs. Son visage

s'éclaire, son air s'épanouit. Il se sent plus protecteur. Il se fait bon. Ce laïc qu'il voit est un père de famille qui exercé un métier souvent, et entre gens de métier, on est serviable les uns pour les autres. L'Université pardonne volontiers le métier, jamais l'apostolat. Laïc, ne craignez rien de votre supérieur , il vous vient bienveillant. Il ne peut pas vous avertir de sa venue, mais vous surprendrait-il, il n'y pas grand mal. Si à vos côtés, se trouve Madame en toilette, et si, dans un coin du salon ou dans quelque chambre voisine, votre fille joue du piano, tant mieux. L'influence de ces douces beautés ne peut être que d'un bon effet. Je gage que votre visiteur s'en ira disant : famille de bien, famille de science et d'art, vis en paix, à l'écart des soucis, à l'ombre de tes austères travaux!

Pour ainsi visiter un pensionnat ou deux qu'il a dans son ressort, croyez-vous que l'Inspecteur d'académie gagne les 4.000 francs qu'il émarge au budget? Moi, je ne le pense pas. Tout ce qui entre dans son gousset des deniers publics me paraît une improduction patente. Le maire, le Juge de paix ou un Magistrat quelconque délégué *ad hoc* remplacerait très bien l'Inspecteur et gratuitement.

Son utilité se tire peut-être de la surveillance qu'il exerce sur les siens. Dans le lycée, l'Inspecteur est chez lui. S'il y trouve des vices, des défauts, en vérité, il doit les guérir et les signaler en ami de la maison, mais surtout les cacher. Il est de principe général qu'une administration soit surveillée, contrôlée par des hommes pris hors de son sein; dans l'Université ce principe n'est point de mise. C'est bien plus commode de se surveiller soi-même, s'est dit l'Université. Et alors, elle a parlé de grec et de latin, et de sciences qui s'enseignent au lycée et que personne ne peut bien savoir que ses gens à elle. Personne n'est à même, hors l'Université, de surveiller ce qui se passe chez elle. Elle a une spécialité pour laquelle tous sont des profanes qui, par respect, doivent se tenir à distance. J'ignore quel rôle un inspecteur universitaire joue dans un lycée, mais je me figure qu'entre lui et le proviseur tout se passe comme en famille. On se dit la vérité avec aménité et politesse, on s'avertit mutuellement, on s'encourage et on se donne une bonne poignée de main finale. Dans le lycée, ce qu'il n'a pas le droit de faire ailleurs, l'Inspecteur visite les classes et préside, s'il le veut, aux examens. Il peut, par de sages paroles, encourager élèves et professeurs, et aussi, servir au progrés des études. Ceci, nous l'accordons volontiers, mais nous nions de suite que nous qui condamnons les lycées, devions payer cet employé supérieur qui vient concourir à leur fortune.

L'on me dira que le lycée, que l'Université dans son ensemble, sont un service public au même titre que le clergé et la magistrature; mais cela doit être nié absolument. Loin d'être un service, l'Université est un malheur pour la société, oui un malheur qui l'affaiblit, une plaie qui la ronge, une gangrène qui la menace de mort. Le clergé sert tellement la société qu'il est la plus solide base de l'ordre et la plus directe cause de la civilisation; l'Université, depuis son existence n'a produit qu'indifférence générale, qu'un scepticisme pernicieux. La magistrature sert la société par le droit dont elle est l'incarnation vivante; l'Université, quel est le droit qu'elle protége? L'Université est dans l'État une coterie que devraient payer ceux qui s'en servent. Savez-vous sa mission à l'heure actuelle? Un de ses coryphées l'a dernièrement définie et tracée avec solennité au Senat : *être l'Arche sainte des principes de la Révolution et de la libre-pensée.*

Les universitaires n'ont pas désavoué les paroles de M. Challemel-Lacour, et c'est pourquoi, plus que jamais, nous sommes autorisé à dire qu'avec la permission de l'État, ils nous volent notre argent.

Nos lois d'enseignement, y compris celle de 1850 qu'on dit libérale, sont détestables, indignes d'un grand peuple. Elles portent l'empreinte d'une centralisation jalouse, d'une main despotique, d'un accaparement honteux, mais ceux qui les appliquent sont encore au-dessous d'elles. Leur manière de faire n'en atténue par le caractère, elle l'aggrave.

La loi nous donne, nous impose, dans l'Inspecteur, un juge qui représente des idées et des intérêts diamétralement opposés aux nôtres. Cette guerre entre des idées et des intérêts qui se contredisent, l'Inspecteur ne cherche pas à l'adoucir. Dans sa situation, exiger de lui justice serait méconnaître la nature humaine. Le juge qui veut être impartial se récuse dans les causes qui mettent ses intérêts en jeu. L'Inspecteur, il le sait, nous a pour adversaires, et il accepte de nous juger. Il fait sur nous des rapports, où il consigne ce qu'il croit voir, rapports qui parfois sont de vrais actes d'accusation intéressant l'honneur, et nous n'en connaissons pas un traître mot! Ils partent pour les chancelleries, serpents cachés qui peuvent mordre à tout instant, et nous en ignorons le contenu! Voilà donc une justice occulte et qui se dérobe au contrôle le plus légitime. Singulier peuple que celui de la France. Il irait aux extrémités de la terre pour le triomphe d'une idée de justice et de civilisation, et il souffre chez lui l'infâmie! Mélange de grandeur et de bassesse, de force immense et d'inouïe faiblesse, nous offrons les contrastes les plus surprenants. Pendant que la servitude chez les autres nous révolte, nous la supportons au milieu de nous. Peuple frivole et léger, le sentiment nous entraîne, mais la raison nous guide peu. Accessibles à toutes les tromperies, l'opinion qui est chez d'autres peuples la voix de la vérité et de la justice, n'est souvent chez nous que l'expression d'un courant d'idées fausses, dangereuses, iniques. Les nations voisines, sous la foi de nos historiens, de nos orateurs, de nos philosophes saluent en nous les splendeurs de la civilisation, combien elles se trompent! Si parmi elles il en est qui, plus avisées nous méprisent, c'est qu'elles nous ont mieux étudiés. Mais, ne perdons pas courage et dénonçons sans cesse à la réprobation des esprits droits et honnêtes une magistrature qui se fait juge dans sa cause et fonctionne dans le mystère ; qui peut molester des rivaux qu'elle redoute ; qui peut faire servir à son bien propre des fonctions créées pour le bien général. Il est absurde que l'Université s'inspecte elle même, il l'est doublement qu'elle inspecte l'instruction indépendante dans une omnipotence qui est la plus oppressive que jamais peuple civilisé ait eu à subir.

Notre voix est trop faible pour être remarquée, entendue ; et, serait-elle forte et éloquente, que le moment serait mal choisi pour l'espérer efficace. Ce n'est pas quand le mal démuselé rêve de nouvelles chaînes au bien qu'on peut espérer atteindre et frapper de barbares abus ; mais il convient de les noter, de les flétrir. S'ils doivent à leur parenté avec l'esprit révolutionnaire d'exister et de se maintenir depuis trois quarts de siècle, le jour ne peut tarder de venir où la vraie opinion, celle qui se fonde sur la vérité et la justice, les citant à sa barre, les condamnera à disparaître pour l'honneur d'une civilisation qu'ils ne doivent plus déshonorer.

CHAPITRE VII

L'aumônier Universitaire; son impuissance

Il n'y a pas de respect dont ne soit digne le bon prêtre par son caractère sacré, par ses fonctions, par ses vertus. Malgré les tâches que la nature humaine, toujours fragile, dépose sur le sacerdoce, il n'en est pas moins certain qu'il est la lumière qui éclaire le monde, le sel qui le conserve, la chaleur qui le vivifie, la voix qui le dirige. Pour quiconque a sondé les plis et les replis du cœur humain, est descendu dans l'abîme de sa misère, l'éclat des vertus qui brillent dans le sacerdoce est une preuve péremptoire de la divinité de son origine. On n'a donc pas à craindre que notre plume veuille offenser le prêtre des lycées. Mais notre respect ne doit pas nous empêcher de considérer ce que l'Université fait du prêtre et ce que le prêtre fait dans l'Université.

Nul ne peut mieux savoir ce que l'Université fait du prêtre que le prêtre lui même. Il faut donc l'écouter et apprendre de sa bouche quels sont les fruits de son ministère, quelles consolations ou bien quelles angoisses l'attendent sur la terre où il répand ses sueurs. Sommé de parler, il vous dira qu'il sème sur une terre ingrate où le bon grain, est étouffé avant même qu'il ait germé ; qu'en dépit de son zèle et de ses efforts, la foi se perd, les mœurs se corrompent ; que quoiqu'il dise et quoiqu'il fasse, son influence est vaine auprès de la jeunesse et qu'il se sent vivre dans le vide, oui, le vide, c'est le mot qui résume ce qu'est leprêtre dans l'Université. Qu'il parle, veille et sue, le vide lui répond! L'enfant, l'Université vous le dérobe, le place si loin que vous ne l'atteindrez pas. Ses pions, ses professeurs, ses hauts fonctionnaires, tout en elle agit en sens opposé au vôtre sur l'âme de l'enfant, et par conséquent, l'éloigne de vous, le fait rétif à votre action. Former un chrétien est un miracle du monde moral plus difficile que ceux du monde physique.

La puissance de Dieu qui a fait les lois de la nature peut les suspendre à son gré ; mais à former, changer les âmes, il faut la puissance divine et le concours des volontés humaines. Aux yeux de l'élève de l'Université, le prêtre est un chef de service, le collègue du pasteur protestant ou du rabbin juif. Je ne nie pas que la tolérance religieuse ne soit aujourd'hui un droit pour tous les cultes, mais les admettre tous sur un pied égal dans une même maison d'éducation, c'est signifier à l'enfant qu'on les tient pour également vrais ou pour également faux. Il n'y pas un homme religieux, à quelque croyance qu'il appartienne, qui ne déplore la promiscuité des cultes dans une maison d'enseignement. Elle conduit l'enfant, sans même qu'il s'en doute et par la seule logique naturelle de son esprit, à rejeter toutes les religions, ou bien à ne voir en elles que des manifestations également respectables du sentiment religieux. Si quelqu'un vient vous dire avec une certaine emphase philosophique que rien n'importe à Dieu si ce n'est qu'on reconnaisse son souverain domaine par l'adoration ; que son temple a pour dôme les cieux, que les religions sont des évolutions de la conscience humaine, sacrées au même titre, soupçonnez un nourrisson universitaire.

La religion n'entre dans le cœur de la jeunesse, n'y prend racine, ne s'y nourrit que par l'exemple. L'enseignement de ses dogmes est nécessaire, indispensable ; mais à lui seul, il est inefficace et reste lettre morte. Or, où sont dans l'Université les exemples de piété et de religion? Qu'on nous les montre? Dans un lycée de province, on avait ouvert les vacances de Pâques la semaine sainte et l'Évêque eut souci du devoir pascal de cette jeunesse. — Soyez tranquille, lui fut-il répondu, nos élèves feront leurs Pâques chez eux. — Et les professeurs qui leur doivent l'exemple ? — Ils les feront, chacun, dans sa paroisse. L'Évêque dit à ses curés de faire attention sur le compte de leurs paroissiens de l'Université ; ils ne virent personne. Voilà cependant les hommes dont l'aumônier attend coopération et secours dans l'œuvre de son apostolat. Il ne faut pas s'étonner qu'il soit stérile, triste, découragé. Il faut tout le sentiment du devoir à accomplir pour ne pas secouer la poussière de ses souliers et porter ailleurs son ministère.

Qu'il est humiliant pour l'aumônier de passer à l'état d'enseigne et de décorer de sa robe des lieux qu'il abhorre! Le mot d'enseigne n'est pas trop fort pour peindre la situation de l'aumônier universitaire. Elle trompe tous ces pères inexpérimentés, toutes ces mères crédules qui n'ont jamais rien su de l'éducation ; qui croient à la suffisance d'un seul pour rendre leurs enfants religieux ; qui ont trop de bon sens naturel pour faire fi de nos dogmes et de notre morale, mais qui sont trop occupés d'ambition et de fortune pour fixer leurs yeux autre part que là où semble briller la science et se préparer l'avenir. Qu'ils écoutent la parole d'un romancier, Paul Féval : « C'est parce que jai été élevé par l'Université que je veux que mon fils le soit par les Jésuites. »

Le recrutement de l'Université se fait surtout parmi ceux qui la connaissent le moins et qui la jugent par les apparences.

Vous qui voulez vo s enfants respectueux et soumis, fidéles aux lois de l'affection, qui voulez les élever pour la vertu et non pour le vice, discutez à fond la valeur morale et religieuse des maîtres auxquels vous allez les confier. Pour se préparer une indigestion dangereuse, il n'est pas néceesaire que tout un repas soit composé de mauvais aliments, la présence d'un seul suffit à produire le phénomène. Or, dans l'Université, que d'aliments malsains sont chaque jour servis au cœur et à l'esprit de la jeunesse! Je l'entends me répondre d'une voix courroucée : nos temples sont magnifiques de grandeur et de décoration et les cérémonies sacrées s'y font avec une imposante majesté. Chez nous on se confesse, on communie, il y a même des professeurs tréspieux, des membres des conférences de Saint-Vincent de Paul, et si tout ne va pas comme dans le meilleur des mondes, cela tient aux mœurs du temps, à ce courant de libéralisme qui emporte la société humaine. Les premiers pasteurs nous font de temps à autre l'honneur de leur visite, et combien de fois n'avons-nous pas recueilli de leur bouche véridique et respectable les plus flatteurs encouragements. Oui, M. Sarcey prétend qu'un courant d'impiété contre lequel vous êtes impuissants à réagir éloigne votre jeunesse de la religion, et que lorsquelle demande, la veille d'une grande fête, sortie pour mieux vaquer à la piété, chacun sait la tricherie que cette stratégie cache ; mais c'est vous qui avez créé ce courant, il est votre ouvrage et il durera tant que vous serez dans l'enseignement. Quant à vous prévaloir de la visite et des compliments de nos prélats, nous espérons que vous n'en aurez pas souvent l'occasion.

Mgr l'Archevêque d'Aix adressait naguère à M. le Recteur de l'Académie d'Aix la lettre suivante :

Monsieur le Recteur,

Je m'empresse de vous accuser réception de la lettre, datée de ce jour, par laquelle vous me faites l'honneur de me convoquer pour la prochaine session du conseil académique ; mais j'ai le regret de ne pouvoir y répondre autrement que par ma démission de membre de ce conseil.

En présence des faits qui s'accomplissent à cette heure, et dont l'initiative appartient à M. le Ministre de l'Instruction publique, il répugne à ma conscience, il répugnerait au simple sentiment de ma dignité personnelle, de prêter plus longtemps à l'Université de l'État l'ombre même du moindre concours.

Veuillez néanmoins, Monsieur le Recteur, agréer l'assurance de ma considération très-distinguée, et comme homme privé, l'expression de mes bien dévoués sentiments.

† AUGUSTIN, *archevêque d'Aix.*

Au moment où nous écrivons, **M.** Paul Bert, employé supérieur à l'instruction publique, député, offre un projet de reconstitution du Conseil Supérieur. Il veut en éloigner tous les membres étrangers, et surtout les évêques. A sa courte vue, à sa vue de sectaire, il faut être universitaire pour savoir quelque chose. Il veut ôter le clergé du Conseil parce que dit-il, le clergé est l'adversaire, le concurrent de l'Université ; et néanmoins, le dit Conseil jugera en dernier ressort les affaires de l'instruction libre, c'est-à-dire, du clergé. N'est-ce pas là bien raisonner ! Oui, que **M.** Bert ôte le clergé du Conseil nous y souscrivons, et de toute l'université. Il n'y a rien de commun entre l'un et l'autre aujourd'hui. Qu'il ôte des lycées les aumôniers qui sont aussi du clergé, et encore qu'il supprime les facultés de théologie. Nous sommes radical dans le bien comme il l'est dans le mal. Tout cela fait, clergé et université auront chacun leur sphère propre et leurs clients sincères. Nous sommes heureux d'avoir à nous servir de la lettre du courageux prélat dont le nom brillera avec éclat dans l'histoire de nos derniers événements. Il a voulu parler en Evêque, en pasteur, en docteur des âmes dans la question de l'enseignement chrétien et du droit le plus sacré de la famille ; le conseil d'Etat lui a trouvé tort. Des laïques ont prononcé, contre un Evêque : qu'il avait quitté le terrain religieux pour entrer dans le terrain politique, qu'il avait, critiqué dans des projets de loi, le gouvernement du pays. Evidemment, tout le monde doit s'incliner devant la chose jugée, la sentence des juges ; mais ce respect ne peut être exigé que de nous ; l'histoire n'y sera pas tenue, et même si Monseigneur d'Aix nous est maintenant plus cher et vénérable, cela ne regarde que nos sentiments intérieurs.

Dans un chapitre où l'on parle de la religion dans les lycées, on ne saurait passer sous silence le rapport fait par neuf aumôniers des colléges de Paris sous la restauration. Ils y déclarent en substance :

Que leur ministère, si actif et si zélé qu'il soit est complétement stérile ;

Que les enfants qui leur sont confiés, sont à peine entrés dans l'Université, qu'ils perdent tous les bons sentiments qu'ils y ont apportés ;

Que ceux, bien rares, qui y demeurent fidèles, les cachent comme un secret honteux ;

Que vers l'âge de 15 ans, toute influence religieuse se perd sur eux ;

Que dans les hautes classes, 90 sur 100 élèves, manquent à leur devoir pascal ;

Que le cours de philosophie terminé, 1 sur 100 élèves, conserve la foi, y reste fidèle.

Voilà ce qu'on disait des colléges royaux il y a 40 ans et voilà ce qu'on peut dire, à plus forte raison des lycées, aujourd'hui que les grand maîtres sont des libres-penseurs comme M. Duruy ou des libéraux protestants comme M. Wadington. « Jamais, disent les *Mémoires, pour servir à l'histoire de l'Instruction publique,* jamais aucun père vraiment religieux n'a mis son fils en pension dans un lycée, ou s'il l'a fait, il s'en est repenti tôt ou tard, et nous en connaissons plusieurs qui déplorent encore les suites de leur imprudence. »

Ces témoignages soulagent notre conscience et nous permettent de tirer cette conclusion que l'aumônier des lycées ne peut rien pour la foi des élèves. Quoi qu'il fasse contre le torrent des mauvaises doctrines et des mauvais exemples, il sera toujours condamné à déplorer son impuissance. Il est dans la nature des grands maux de résister à tout effort isolé. Il faut que l'Église, oui l'Église que l'Université fait tout pour combattre et dont néanmoins elle réclame le concours, en prenne son parti ; l'Université est inguérissable, jamais elle ne se laissera pénétrer par l'esprit de l'Évangile et jamais par suite, elle n'en nourrira l'esprit de ses élèves.

Aujourd'hui plus que dans aucune autre partie de son histoire, sa vie s'écoule en dehors de l'Église et aussi jamais la jeunesse qu'elle forme ne fut plus impie et plus licencieuse. Que de preuves n'en aurions-nous pas s'il nous était permis de scruter tout ce qui se dit, se fait, s'écrit dans les lycées ou autour? Qu'on fît un dossier de toutes les lettres écrites par des élèves à partir de 14 ans et au-dessus ; qu'on tînt un registre de leurs visites les jours de sortie ; qu'on sténographiât leurs conversations, et des millions de voix honnêtes demanderaient à cor et à cris, au nom de la Religion et de la morale, la destruction du monopole universitaire.

C'était en 1869 : l'aumônier d'un lycée avait donné pour devoir d'instruction religieuse, la nécessité du culte intérieur et extérieur. Les copies tombèrent pour un moment entre les mains d'un surveillant resté fidèle aux convictions religieuses de sa jeunesse. Un examen sommaire le conduisit à constater une foule d'impertinences que n'eût point désavouées Voltaire. Et ne croyez pas que l'aumônier s'étonne encore en lisant ces polissonneries blasphématoires, ou qu'il traduise son indignation à l'extérieur. Il boit son calice amer et il se tait, sachant bien que sa voix retentirait dans le désert. Peut-être ceux qui l'entourent gémissent-ils de ce qu'ils voient ; mais ils veulent laver le linge sâle en famille ; c'est prudence. Une cupidité commune, une position à sauvegarder, à améliorer, le souci de leur repos, voilà les causes du silence de ceux qui voient le désordre et en souffrent. Et la conséquence forcée de cet universel silence est que les abus se multiplient, que les vices pullulent, que la vertu s'anéantit.

Non, je ne resterai pas plus longtemps au lycée où mon père veut que je retourne, disait à son ami le fils d'un magistrat que nous avons connu. Le séjour que j'y ai fait a ravagé mon âme ; mais, parce qu'elle a pu heureusement conserver le discernement du bien et du mal, je sens l'impérieux devoir d'en sortir. Il en

sortit, et par cet acte de chrétienne indépendance, il mérita de sentir naître en lui et se
développer le germe de la vocation sacerdo-
tale. Le lycée est une atmosphère méphitique
qui donne la mort ; à chercher à l'assainir,
l'aumônier fait un travail de Sisyphe. Il lutte
en vain contre un mal qui défie tous les
remèdes.

CHAPITRE VIII

L'école et le maçonisme

Il n'est personne, en ce singulier temps,
qui ne connaisse une certaine secte de pro-
gressistes dont la volonté est de transformer
le monde en transformant l'instruction de la
jeunesse. Son programme, en ce qui concerne
l'instruction primaire, est de frapper d'incapacité le Frère et la Sœur, et de mettre à leur
place des laïcs, hommes et femmes. Ce n'est
pas que la guimpe de la religieuse ou la robe
du religieux n'abritent quelques connaissances,
et même bien suffisantes pour instruire l'enfant du peuple, mais ces connaissances ayant
la religion pour compagne fidèle, il faut les
bannir au nom du progrès. Ce qu'elle entend

faire de l'enfant, il est facile de le deviner. On a qu'a lire ses livres, ses revues, ses journaux, ses discours dans les grandes et petites assemblées, pour être pleinement édifié sur ses pensées, sur ses intentions.

Jusqu'ici qu'est-ce que l'enfant apprend à l'école primaire tout d'abord, comme point capital, avant tout le reste? La prière catholique qui élève ses premières pensées vers Dieu, et en fait autant d'hymnes d'amour et de reconnaissance. Il apprend dans sa lettre et son esprit le catéchisme, ce code de religion et de morale qui, à lui seul, pour la sûreté des personnes et des propriétés, pour le respect, la paix et la subordination dans les familles, pour la grandeur et la prospérité dans les États, fait plus qu'une nombreuse armée, que la meilleure police, que la plus ferme magistrature, que tous les tribunaux ensemble. « Il y a, dit le philosophe Jouffroy qui n'a jamais passé pour clérical, il y a un petit livre qu'on fait apprendre aux enfants, et sur lequel on les interroge à l'eglise ; lisez ce petit livre qui est le Catéchisme ; vous y trouverez une solution de toutes les questions que j'ai posées, de toutes sans exception. Demandez au chrétien

d'où vient l'espèce humaine, il le sait ; où elle
va, il le sait ; comment elle va, il le sait.
Demandez à ce pauvre enfant qui, de sa vie,
n'y a songé, pourquoi il est ici-bas et ce qu'il
deviendra après sa mort, il vous fera une
réponse sublime. Origine du monde, origine de
l'espèce, question de race, destinée de
l'homme en cette vie et en l'autre ; rapports
de l'homme avec Dieu, droits de l'homme
sur la création, il n'ignore rien ; et, quand il
sera grand, il n'hésitera pas davantage sur le
droit naturel, sur le droit politique, sur le
droit des gens ; car, tout cela sort, tout cela
découle avec clarté et comme de soi-même
du Christianisme. »

Cette puissante armure morale donnée à
l'enfant, on l'introduit graduellemt dans le
domaine du savoir humain afin qu'il puise
selon ses capacités et ses futurs besoins ce
qui pourra en faire un citoyen heureux et utile
aux autres. Voilà la méthode qu'ont employée
nos pères et qui fit de nous ce peuple fort et
vaillant dont l'histoire tient une si large place
dans les fastes de l'humanité. Or, d'après la
secte, cette méthode a fait son temps. Elle
pouvait avoir quelque valeur quand il s'agis-

sait d'abaisser l'esprit du peuple pour mieux l'asservir ; mais à présent qu'il est libre ou en train de le devenir, les croyances d'autrefois ne sont que de vieilles défroques dont il convient de se débarrasser. Les superstitions sont utiles à quelque chose dans le début des civilisations ; elles ne peuvent qu'en entraver la marche lorsqu'elles ont acquis un grand développement, lorsqu'elles sont au point culminant de leur évolution totale. Tel est l'enseignement de nos modernes réformateurs. Il s'agit donc de soustraire l'école à toute influence religieuse, d'en chasser le Prêtre et la Sœur et le Frère. Il s'agit d'habituer le peuple, non pas seulement à secouer toute influence théocratique, mais même à se passer de Dieu, à moins que cette idée ne soit quelque chose de vague et de nébuleux qui n'oblige à rien. Dieu est un être que chacun est libre de concevoir et d'honorer à sa manière, ou de ne pas honorer du tout ; en sorte que religion et culte, croyances et hommages sont choses purement facultatives, doivent être confinés dans le sanctuaire de la conscience individuelle. Et, comme la conscience n'est plus libre du moment que par voie d'enseignement on lui impose tout un ensemble de croyances et de pratiques, il faut bannir de l'école tout autre enseignement que celui de la science.

Les moyens pour en arriver là sont que l'instruction devienne la propriété de l'État ; dès que la secte en aura la direction, qu'elle soit laïque, c'est-à-dire dégagée de toute idée religieuse ; obligatoire, afin que nul enfant du peuple n'échappe à l'impiété.

Le jacobinisme d'aujourd'hui, fils légitime de celui de 93, en a toutes les doctrines et toutes les habiletés. Il comprend que, pour être maître du pays, il lui faut être le maître de son instruction. Aussi, tous ses efforts tendent à ce but suprême : s'emparer de l'école, la dominer entièrement. Mais par où commencer la croisade dont le résultat doit être de déchristianiser la France et de la jeter dans les bras du maçonisme? La société est un grand corps dont les membres, étroitement liés les uns aux autres, se pénètrent sans se confondre, exercent les uns sur les autres une action qui se traduit en une vaste harmonie. Avec le peuple religieux, en temps de suffrage universel, il est à craindre qu'un jour ou l'autre, l'urne électorale crée de toutes pièces un pouvoir rétrograde dont tout le souci soit de fortifier le vieil édifice de croyances surannées ; il semble donc qu'il faudrait commencer par s'emparer de l'âme du peuple, et après l'avoir vidée de toute superstition religieuse, la remplir de l'idée moderne, qui se résume dans l'indépendance absolue de la raison humaine. D'autre part, à quoi servirait que le peuple en masse fût aux ordres du jacobinisme, si celui-ci doit rencontrer dans les classes élevées qui forment les cadres de l'armée et des administrations une opposition permanente à ses desseins, à ses vues, à ses projets? Le prosélytisme sectaire, pour être vraiment efficace et avancer vers son but, doit donc être universel et simultané ; diriger en même temps son action sur la nation entière afin de la pénétrer de son esprit, de lui communiquer son souffle. Or, les traces de cette action sont partout visibies.

Il y a une loi de rénovation religieuse et de liberté sacrée qui permet à l'Église d'ouvrir des universités où la foi des jeunes gens doit s'affermir par l'étude des sciences ; la secte n'aura ni trève, ni repos, qu'elle ne l'ait abolie. Elle s'y est essayée une fois sans réussir ;

mais devenue plus forte, un second assaut sera couronné de succés.

Il y a dans l'Église une milice qui lui tient au plus profond du cœur, au plus vif de ses entrailles. Son dévouement à la Religion est sans bornes, et ses moyens pour l'exercer sont les sciences, les lettres, l'art, l'enseignement et la prédication, la charité dans ses meilleures formes ; la secte poursuit les Jésuites d'une haine forcenée. Contre eux, elle écume et rugit, elle invoque des décrets de proscription, elle demande des lois de colère plus dignes de cannibales en fureur que d'hommes libéraux et civilisés.

Par contre, elle environne de tendresse l'Université qui n'est que l'application de la plus criminelle pensée, le despotisme des âmes. Il faut la fortifier, injecter dans ses veines un sang nouveau, une vie nouvelle qui la rende capable de lutter victorieusement contre les artisans d'obscurantisme, contre tous ceux qui insultent à la raison, font peser sur l'esprit des jeunes gens le joug de dogmes abrutissants, travaillent à humilier l'homme pour le mieux asservir.

L'enseignement des jeunes filles n'échappe

pas à la sollicitude maçonnique. Tout ne peut se faire en un jour et à la fois, mais son dessein bien arrêté est de l'arracher des mains pieuses qui le détiennent dans sa majeure partie. La femme a sa part dans l'œuvre de régénération que la secte médite. Le père émancipé de l'Église, c'est beaucoup, ce n'est pas tout ; la mère doit aussi le devenir. Les couvents où vont se former nos sœurs et nos futures mères, en y apprenant tout ce qui orne l'esprit, élève le cœur, attache à la Religion et à l'Eglise, les couvents sont le cauchemar du sectaire. Il voit en eux les forteresses du Christianisme qu'il lui tarde de raser. On n'a pas encore vu, dans les débats parlementaires, apparaître un proposition de loi qu'il exigera des Sœurs le brevet et supprimera les Lettres d'obédience ; mais celà tient à l'opportunisme, à ce que le présent est encore trop enfoncé dans l'ornière du passé. Cette proposition est dans l'air et ne tardera guère à se produire. Elle marquera la première étape dans la voie des réformes en projet. En attendant, la *Ligue de l'Enseignement* qui est une œuvre exclusivement maçonnique, fonctionne un peu partout à Paris particulièrement. C'est là que dans des pensionnats modèles, de grandes dames apprennent à de jeunes filles cette éducation libérale et forte qui exclut tout préjugé, établit la raison, le seul guide de la conscience, la seule souveraine de la pensée et du sentiment. L'impiété du xviiie siècle, il faut l'avouer, manquait fort heureusement de courage et de logique. Ses coryphées avaient gardé du passé le respect de l'enfance. Mauvais pour eux-mêmes, ils étaient bons pour leurs enfants qu'ils envoyaient au couvent apprendre la foi, la morale catholique, ensemble avec la piété filiale. L'impiété du jour se pique de plus d'honneur. Elle entend conformer ses actes à ses pensées. Ce qu'elle rejette pour elle-même, elle entend le rejeter pour ses enfants qu'elle veut à son image et ressemblance.

Qu'adviendra-t-il quand toutes les écoles seront sous l'influence et la domination du radicalisme ? On peut le prévoir en jetant les yeux sur ce qui se passe dans le pays qu'il gouverne. Tout dernièrement, dans le Jura Bernois, M. Froidevaux, directeur du collége de Porrentruy, maçon rose-croix prenait la parole pour déclarer :

La nécessité du partage des biens d'après les idées socialistes et communistes ;

La négation de tout culte de la part de l'État, ou suppression radicale du budget des cultes.

En même temps, il ornementait son discours de paroles dont *le Bien public* ou *les Droits de l'homme* n'ont pas la spécialité exclusive. « Jésus-Chrit, disait-il, fut un paresseux dans toute la force du terme. »

Un collègue de ce blasphémateur, M. Friche, directeur de l'École normale du Jura, disait dans une réunion d'instituteurs tenue en avril : « Oui, nous voulons le schisme ; ce que nous voulons, c'est la séparation radicale de Rome et du Jura. » Voilà, pour tenir nos écoles, le genre de maîtres que l'avenir nous réserve.

Pour acconplir toutes ces réformes qui ne peuvent avoir lieu que sur les ruines du passé ou après la complète transformation de la société actuelle encore pétrie du Christianisme, la franc-maçonnerie doit beaucoup travailler l'opinion, et chaque jour, par une action lente, mesurée, mais constante, la détacher de l'Église et de toutes les institutions qu'elle proe tége, et dont, à son tour, elle reçoit appui. Il lui faut, à force de calomnies et de mensonges savamment calculés, corrompre la nation dans son cœur et dans son âme. Tout cela, le maçonnisme le fait par tous les genres d'influences et de forces dont il dispose, et surtout par la presse, l'arme la plus redoutable des temps modernes. On verra clair dans les événements du jour, dans leur origine et dans leurs développements, lorsque l'histoire, ayant enfin démêlé les fils qui se tissent au fond des autres secrets elle pourra exposer tout ce que la secte a mis en jeu d'action et de puissance. Quant à présent, ce qu'on en sait positivement, c'est que son organisation tient tout le territoire dans un réseau serré d'intrigues, et rayonne des centres dans toutes les extrémités. Il n'y aura bientôt plus si petit arrondissement où elle n'ait un journal à ses ordres, patronné et soudoyé par elle. Du haut de ces tribunes elle ment au peuple sous prétexte de l'instruire. Sources d'empoisonnement quotidien, ces feuilles pénètrent partout, détruisant dans l'esprit du paysan et de l'ouvrier, tout ce qui reste d'amour et de respect pour les grands principes de la Religion et de la morale. Un peuple a beau porter dans son sein les éléments de la plus extraordinaire vitalité, à la fin, il doit succomber aux assauts répétés de l'erreur et du vice. Aussi est-il facile de prévoir, ou que Dieu, dans son infinie miséricorde, imposera silence aux sophistes, ou que la société ira, un jour prochain, s'engouffrer dans l'abîme du mal qui marque la fin des peuples.

La Maçonnerie Française dont l'influence sur l'instruction secondaire est très grande par l'Université a une institution bien à elle, et dont nous avons dit le nom, *la Ligue de l'Enseignement* pour agir sur l'instruction primaire. Voici son programme, *instruction sans Dieu*. Dieu est chassé de l'école comme une superfétation inutile, propre à embarrasser l'enfant et à lui faire perdre un temps précieux.

L'enfant est à l'école pour apprendre la science et à mépriser son auteur.

Instruction laique : La science n'a pas de costume pas plus que la vérité. Mais elledoit-être donnée par des maîtres et des maîtresses sans religion. C'est ce que veut dire le mot *laïque*, ou il n'aurait aucun sens.

Instruction obligatoire. L'école ayant été constituée sans Dieu et mise entre les mains de gens sans religion, il s'agit d'y pousser tous les enfants.

Pour bien caractériser la *Ligue* et mettre sur son front sa qualité, nous énumérerons ses principaux chefs et patrons.

Comité Directeur

J Macé, vénérable de loges. — Bigot du XIX° *Siècle*. — Caglameran, protestant. — Guéroult fils du Red. du *Siècle*. — Hubrard de la *République F^{se}*. — Lereboullet *du Temps*. — Jourde, Directeur du *Siècle*. — Lefèvre, du *Rappel*.

Comité honoraire

Victor Hugo. — Arago. — Carnot. — Challemel-Lacour. — Crémieux. — Girerd. — Héruld. — Le Royer. — Lepère. — Littré, — Menier. — Peyrat. — Tirard.

CHAPITRE IX

Le grand maître de l'Université et la Religion

Un père doué de bons sens voulant faire de son fils un libre penseur, un esprit fort, un sceptique, est un prodige qui n'existe pas dans le monde.

Qu'il y ait des hommes en qui la passion a tué le sentiment de la paternité et qui, de propos délibéré, sciemment, se fassent homicides de l'âme de leurs enfants, cela peut-être, mais il est juste de dire, que la haine antireligieuse en a fait des monstres indignes de la place qu'ils occupent, dans l'humanité, des fous encore plus dignes de pitié que d'exécration.

En fait d'impiété, notre temps produit d'horribles choses. On voit des sociétés dont le but est d'armer leurs adhérents contre le repentir à l'heure suprême. Dans la vigueur et la santé, il est encore facile de s'insurger contre Dieu, de se donner le hideux courage d'insulter à sa croyance et de la traiter de vieillerie surannée ; cela est malaisé à l'heure de la mort.

Se poser en théorie et en pratique, en adversaire de Dieu est pour la liberté un essai d'audace qui peut tenter quand la vie coule à plein bords ; on devient moins osé et plus timide, quand la vie, en s'en allant ouvre à l'esprit épouvanté les grands et formidables horizons où tant de fois la réflexion est allée se perdre. Placer l'homme dans l'impossibilité d'un retour, et le forcer à mourir, plongé dans son désespoir, voilà la monstruosité inventée ses derniers temps et acceptée par les solidaires. Or, ce que l'impie dans son délire a inventé pour lui-même, il ne l'a pas encore admis, pour ses enfants.

Il se fait volontiers inconséquent en leur faveur. Ce qu'il rejette pour lui, il l'admet pour eux. Il est remarquable que le père de famille a plus de véritable amour pour ses enfants que pour lui-même : loi mystérieuse que la philosophie aurait peine à expliquer, mais dont on peut reconnaître la raison dans la volonté divine de limiter le mal en tarissant sa source.

On raconte d'un tyran asiatique, vainqueur de son voisin que lui ayant pris son fils, il ne voulut pas le faire périr, Cruauté jusque là sans exemple, il lui choisit ses compagnons les plus corrompus de pensées et de mœurs, qu'il put trouver ; il ne le laissa jamais souffrir dans aucune de ses volontés et dans aucun de ses desirs et le renvoya à son père, quand il le reconnut le plus dépravé, le plus détestable des fils. Vengeance, qui prouve que le plus grand bonheur ou le plus grand malheur d'un père se trouve dans l'éducation de son enfant.

Un père a deux motifs pour vouloir une éducation convenable dans ses enfants : leur bonheur à eux, son bonheur à lui.

Il y a de toutes les bêtes dans l'homme. Qu'on croit au péché d'origine ou qu'on n'y croit pas, on est toujours forcé de croire à la viciation de notre nature. Elle apporte dans la vie tous les vices ; et à moins qu'on n'en arrête le développement par l'éducation, ils font de l'homme l'être le plus triste de la création. La nature droite, pure, tolérante et charitable, faite de justice, de vérité et d'amour, est une chimère qu'a pu caresser plus d'un philosophe ; l'observation ne l'a nulle part constatée. Ce qu'il y a de plus pervers dans l'humanité a été et sera toujours ce qu'il y a de plus primitif et de plus sauvage, comme ce qu'il y a de plus excellent et de plus élevé est ce qu'il y a de mieux formé par l'instruction et l'éducation. Un peuple, est ce que ses maîtres l'ont fait : vérité de tous les temps et de tous les lieux sur laquelle il est inutile d'insister.

Le père le moins exigeant, veut dans ses enfants, un ensemble de qualités et de vertus que nous pouvons renfermer dans un seul mot, le respect. Comment les apprendront-ils ? par le précepte et l'exemple. Un fils doit à l'auteur de ses jours une reconnaissance et une vénération profondes qui le font obéissant et dévoué, qui le rendent prompt au sacrifice, qui forment en lui cet ensemble de choses augustes qu'on a appelé la piété filiale. Or, la piété filiale ne naît pas seule par voie de génération spontanée. Ne voit-on pas des fils se déclarer à peu près exempts de tous devoirs envers leurs parents par cette déclaration jetée à leur face : Dans la vie que vous m'avez donnée, ce n'est pas le bienfait que vous avez recherché, c'est votre satisfaction ?

Et pour l'enfant aussi la Foi et les vertus qu'elle engendre sont d'une nécessité fondamentale. S'il ne croit en Dieu, à l'immortalité de l'âme, à la récompense dans une autre vie du bien et à la punition du mal ; il ne sera certainement pas un honnête homme ; il se gardera le plus possible des sacrifices et des dévouements qui font le sincère patriote, et quand le malheur frappera à sa porte, qu'il ronge son cœur ou morde à ses sens, il n'y aura en lui aucun ressort pour le supporter et lui opposer une virile, une magnanime résistance.

Il n'est pas besoin d'être un catholique fervent pour désirer à ses enfants de bons maîtres, il suffit d'être sensé, d'avoir pour eux un véritable amour. A ce titre, la clientèle des lycées nous semble inexplicable et nous paraît une férocité. Quel est le maître qui y parle, qui y enseigne, qui y occupe la première place dans un relief immense ? Le grand maître de l'Université, le ministre de l'Instruction publique.

Quelle doctrine découle de cette source placée dans les hauteurs de l'Université pour la dominer et lui tracer sa voie ; quel exemple vient de cette vie tellement placée sur le chandelier de la montagne que tous peuvent se former à sa lumière ; il est important de se le demander. M. Duruy fut grand maître les huit dernières années de l'Empire. Historien de talent mais sans

souffle et sans originalité, capacité philosophique suffisante, organisation pleine de
nerfs, et par conséquent fort remuante et
très active, qu'a-t-il enseigné durant ces
années d'abondance et de paix qui devaient
tourner aux progrès des esprits, au relè-
vement des cœurs et des caractères? Une
grande chose : C'est qu'il est bien possible que par la voie du transformisme et de
la lutte des êtres pour la vie, l'homme des-
cende du singe et ait une gueunon pour
aïeule. Le Darvinisme, cette sottise qui ferait pleurer si elle n'excitait le rire, voilà
le dogme que le ministre a enseigné. S'il a
contrecarré, le plus qu'il a pu, l'esprit religieux, s'il a précédé M. Gambetta en voyant l'ennemi dans le cléricalisme, s'il a
soufflé l'irréligion dans tout l'immense mé-
canisme humain qu'il avait dans les mains,
c'est ce que nous ne rechercherons pas. Si
notre espèce peut descendre d'un vil animal, par cette raison, qu'il y a des évolutions dans tous les êtres, qui les sortent de
leur nature pour les hisser à une nature
supérieure, cet animal auquel il nous arrête
descend lui-même d'autres moins parfaits,

de telle sorte que l'homme vient de je ne sais quelle force primitive que la nature recelait dans son sein. Avec de pareilles idées, il serait puéril en parlant de ce maître suprême de l'éducatien en France, de s'arrêter à l'idée de Dieu, de l'âme, de l'immortalité, de morale et de devoir. Sous son règne, imaginez si les professeurs, à tous les degrés, avaient beseoin d'être des modèles, d'aller à la messe et de faire leurs Pâques pour obtenir de l'avancement ! Imaginez aussi si les lycéens qui s'ingénient au rire et qui aiment peu les embarras du décalogue, avaient le credo léger !

Nous n'aimons pas, pour les vaincus, les injures que nous trouvons, à leur égard doublement lâches, et il peut être beaucoup pardonné à l'empire en faveurs des grossièretés dont aujourd'hui on l'accable : nous ne lui pardonnerons jamais son Duruy. Le Prince à charge d'âmes ; il est le premier père de son peuple ; nous protesterons toujours contre le crime par lequel il confie à des mains indignes la magistrature de l'enfance et de la jeunesse. (1)

(1) Ce nous est un plaisir de rencontrer le fils de

Depuis Duruy la mobilité est dans le ministère de l'instruction comme dans les autres ; chaque année, à peu près, a vu passer un grand maître ; retenons seulement les deux dernièrs. M. Bardoux est un républicain de vieille roche. C'est innocent, en apparence, pas en réalité. Sous le ciel de la Suisse, de l'Amérique encore mieux, on est républicain innocemment, non pas chez nous. En France, fût-on dans les hauteurs du parti, pur et honnête, croyant et même chrétien de pratique, il parait qu'il faut, en tout temps, compter avec la queue qui est le nombre ; avec la queue qui est l'erreur philosophique, morale et religieuse, la passion et le mal sous toutes les formes. Or M. Bardoux l'a admise. Il a prononcé beaucoup de discours ; car, député, il avait acquis une certaine facilité à les faire ; dans aucun n'apparait le nom de Providence et de Dieu. Dans l'étude de la science, dans sa surface comme dans ses profondeurs, on en trouve si peu la trace, si peu l'idée, à son

l'ancien minstre M. Albert Duruy, parmi les défenseurs de l'enseignement libre. Il est une circonstance atténuante aux erreurs de son père.

point de vue, qu'il n'en a jamais dit mot. De quoi parle un ministre de l'instruction publique? des connaissances humaines, des voies qui y mènent ou en détournent, de leurs bienfaits, de leur rôle dans la civilisation, la richesse et le bonheur des nations; et en parlant de tout cela, chemin fesant, nulle part, il n'a trouvé l'auteur de la science! Une fois, dans une solennelle allocution à Clermont, il a fait la peinture de l'Université, et il n'a rien trouvé de mieux à dire de sa mission sinon qu'elle doit être l'arche conservatrice de l'esprit moderne, de l'esprit laïque, des immortels principes de la Révolution. Doctrine commode qui place l'Université à cent lieues du catholicisme et en fait un pandemonium de toutes les erreurs. Un jour, M. Bardoux fut invité à un mariage civil, et il s'y rendit. Il n'y voyait pas d'inconvénient, la sottise réactionnaire s'en fit un scandale, et M. Bardoux donna sa démission. Voici qui témoigne admirablement de la souplesse de l'Université, de son accommodance avec les hommes et leurs idées quelles qu'elles soient, de son scepticisme invétéré; le marié qui porta malheur à M. Bardoux est le ministre d'à présent, M. Jules Ferry. Chez toutes les nations, chez tous les peuples, dans l'antiquité et les temps modernes, le mariage a été et est encore entouré de rits sacrés, de cérémonies religieuses. Où faire intervenir la divinité, où la convier, où appeler son influence supérieure et tutélaire si ce n'est dans un acte qui fixe la destinée, qui donne à l'homme une compagne et à la femme un époux, qui fonde la famille ? Le mariage a ses joies, tellement attractives pour la nature humaine qu'elle en fait son état habituel, mais il a ses douleurs aigues, ses devoirs sévères, ses sujetions inexorables qui fesaient dire aux Juifs charnels de la décadence : si telle est la situation de l'homme et de la femme unis par le mariage, mieux vaut la liberté

— Il ne suffit pas de décréter l'union entre deux chairs et entre deux âmes pour qu'elle ait lieu ; il appartient aux intéressés de la réaliser, et du droit de la faire passer dans les faits. A ce travail, il y a parfois une peine infinie, des difficultés dont on ne peut sortir victorieux qu'avec l'emploi de certaines armes qui sont les prescriptions et les conseils de l'Evangile. Le Christ, en établissant l'unité et la perpétuité du mariage n'en a pas voulu faire l'enfer des époux ; c'est pourquoi il leur ordonne la pratique des vertus qui en font la douceur et le bonheur ; et ces vertus il les oblige à les demander dans la cérémonie nuptiale précédée de deux autres sacrements. Les époux chrétiens vont à l'autel pour s'armer de courage dans le combat de la vie, et pour mériter de Dieu la protection qui leur sera souvent nécessaire à l'accomplissement de leurs mutuels devoirs. Les libres-penseurs n'ont pas de tels soucis. Ils se plaisent, ils s'unissent ; quand ils cesseront de se plaire, ils cesseront d'être unis. C'est leur loi, c'est leur morale. Nous ne savons si M. Ferry est chrétien ; en tout cas, il s'est mis hors du christianisme dans l'occasion la plus solennelle de sa vie. En se mariant civilement, il s'est affirmé homme de la nature, et s'il a invoqué un Dieu quelconque, ce n'est pas celui des chrétiens. Il n'appartient donc à aucune religion ; tout son symbole est celui qu'il se décrète à lui-même, et qu'il peut se varier à plaisir. Ce ministre nous déplait quand il hait, sans motif avouable, des citoyens, des hommes, parce qu'ils sont religieux, ce qui ne regarde personne ; quand il veut établir en France des castes de parias qui n'existent que dans certains pays arriérés de l'Inde ; quand il insulte à la liberté, à l'égalité qui sont le patrimoine de tous. Oui, alors, il nous devient odieux, et la bassesse des sentiments qui nous répugnent dans le dernier des hommes, nous fait bondir d'indignation dans un détenteur des grands pouvoirs de l'Etat. Mais, quand il se marie comme il pense, il ne nous parait que conséquent et logique. Quand il présente sa femme au maire parce qu'il croit aux avantages, dont il est le dispensateur ; quand il ne la présente pas au curé parce qu'il ne reconnait ni son caractère, ni sa mission, ni les biens dont Dieu l'a fait le dépositaire et le ministre, nous reconnaissons que c'est affaire à sa conscience, et nous ne le blâmons pas. Il n'y a pas lieu, non plus, à ce que nous nous plaignions qu'il soit ministre. Assurément, nous plaçons ailleurs que dans le nombre la justice, le droit, la vérité et la liberté ; mais, si par un effet de notre abâtardissement comme citoyens et comme chrétiens, le nombre se trouve être à la base de nos institutions, cette base restant, nous prenons notre parti de notre état social, nous ne récriminons pas contre ce que nous ne pouvons changer. Le nombre a fait la république de M. Thiers, réparatrice et honnête ; celle du maréchal de Mac Mahon, impuissante et inepte, aussi peu assurée de sa voie qu'un homme ivre de son chemin ; il a fait celle que nous voyons et qui se résume si bien en M. Ferry.

Ce ministre est à sa place, puisqu'un peuple n'a jamais que le gouvernement qu'il mérite. Mais où commence notre étonnement, où la stupéfaction nous opprime et nous étouffe, c'est lorsque nous voyons les parents chrétiens remplir de leurs enfants les institutions que gouverne un philosophe païen. Eh quoi ! pères de famille, il ne vous importe de rien que votre enfant, et son directeur, et son professeur, et ses maîtres à tous les degrés se sachent sous la direction d'un ministre qui fait litière de vos croyances les plus chères ! vous ne confieriez, pour rien au monde, sa santé compromise à un charlatan dont vous connaîtriez le mépris pour tous les principes de la thérapeutique, et vous confiez son âme à un maître dont le seul contact peut devenir mortel à ses croyances ! Peut-être dites-vous que le grand maître de l'Université n'a aucune influence sur la marche, sur la vie intime des lycées, et par conséquent, quoiqu'il fasse, quoiqu'il dise, ces institutions restent dignes de votre confiance. Erreur profonde. Quand la source est empoisonnée, les derniers filets d'eau le sont aussi, et au même degré. Votre fils, père chrétien, est de son temps. Tout jeune qu'il est, il cause et entend causer. Il sait le nom de son premier maître, et par le journal, par ses camarades, par ses professeurs, il aura vent de ses opinions, de sa situation dans le monde des esprits. Il le sait ou le saura franc-maçon, déiste ou moins encore, marié devant M. le Maire, aussi libre de foi religieuse que le premier philosophe venu dont il explique les œuvres, et à part lui il se dira : oui, voilà le patron sur lequel je dois me tailler un vêtement intellectuel, voilà le type d'esprit qui doit servir au mien, la forme libérale sur laquelle je dois croitre et grandir. Ce modèle, c'est mon père qui le met devant mes yeux, qui me le donne à copier ; c'est mon père qui la choisit dans le désir de faire de moi un homme des temps nouveaux, dépouillé des préjugés et des superstitions dont l'humanité s'est jusqu'ici follement emmaillotée. A part certains fanatiques de libre pensée et de morale indépendante, tous veulent un crédo religieux déterminé à la base de l'éducation. S'il n'y avait dans les lycées que les enfants de ces pères dénaturés, ils seraient à peu prés déserts. S'ils regorgent d'élèves, c'est que la masse des familles nourrit à propos de l'université, des illusions déplorables. Un fait devrait les éclairér. Beaucoup d'hommes qui ne connaissent l'Eglise que pour lui faire la guerre et s'unir en toute occasion à la tourbe de ses ennemis, envoient leurs fils et leurs filles aux institutions qu'elle dirige, qu'elle inspire de son souffle, qu'elle anime de son esprit. Ils sont inconséquents pour le bien ; les catholiques, eux, le sont pour le mal. On en voit se vanter comme d'un mérite d'avoir leur fils au lycée voisin. S'ils ont à défendre dans les conseils électifs les droits de l'enseignement libre, comme précaution oratoire, ils avouent n'en pas user, et avec emphase, ils s'avouent clients de l'Université. Aveugles, ou inconscients de leur conduite ils méritent de ne récolter dans leurs enfants qu'une moisson d'effroyables dégoûts et d'amères tristesses. (1)

L'instruction, l'éducation peuvent si peu se passer de la Religion que dans tous les temps et dans tous les lieux, ce sont les prêtres que l'on a vus à la tête de la plupart des institutions consacrées à l'enfance et à la jeunesse. Elever l'enfant, c'est déposer la vérité, toute vérité dans son esprit, depuis les plus simples, jusqu'aux plus élevées ; c'est ouvrir son cœur aux plus nobles sentiments, à ceux de la probité la plus délicate, de l'honneur le plus raffiné, et le plus chatouilleux ; c'est faire vibrer son âme aux mots de Dieu et de patrie, d'éga-

(1) Les journaux radicaux sont quelquefois naïfs, rarement ; mais alors « ils le sont bien ». En voici un par exemple qui insère avec indignation cette question d'un abonné :

Pourquoi Oran, pays républicain, compte-t-il 1,200 élèves chez les jésuites et 150 au collége communal ?

C'est que probablement les républicains d'Oran sacrifient leur passion politique à l'intérêt de l'éducation de leurs enfants. *(17 avril 1879.)*

lité, de liberté, de fraternité véritables, telles
ques les consacre l'Evangile. Or, cela ne peut
se faire qu'à l'aide des enseignements et des
préceptes de la religion, à l'aide d'une autorité
supérieure qui, un jour ou l'autre, à l'heure
choisie par elle, punit le vice et récompense
la vertu. (1)

Si la Religion n'est pas votre arme dans la
guerre que, auprès de l'adolescent, vous faites
chaque jour à ses penchants déréglés, vous
serez réduit à votre autorité propre, et il ne
tardera pas à la recuser. Nous naissons égaux
et Dieu mis de côté, je défie qu'on puisse rendre raison d'aucune autorité dans le monde.
Aussi tous les génies, quelque divergence
qu'il y ait eu d'ailleurs dans leurs pensées
comparées entr'elles, ont proclamé cette vérité qu'il ne peut y avoir d'éducation sans Religion. Quand un Etat enseigne, ce qui est notre cas, son premier devoir est d'être religieux. Un Etat, dit Stahl qui ne professe aucune religion perd le droit de faire l'éducation

(1) Conseil Général de Nice. Séance du 24 avril 1879.
Roubaud maire de Grasse, Cacciardy de Montfleury
protestent contre les projets Ferry et disent avoir
leur fils au lycée.

de la jeunsse. Jusqu'à ces dernières années, cette maxime, sans avoir grande fortune, jouissait néanmoins de quelque considération. Quand ils étaient impies, nos ministres rendaient à la Religion l'hommage que lui rend l'hypocrisie. Aujourd'hui, elle est bel et bien à la porte de l'Instruction publique. Il était réservé à la Révolution, au Maçonisme, au Protestantisme trônant dans nos minstères de nous offrir un spectacle qui ne s'était vu qu'aux époques les plus néfastes de notre histoire nationale : Celui d'une foule de gens incapables introduits dans nos adminstrations, et un Ferry à la tête de l'Instruction publique. Mais ce spectacle qui accuse une déchéance profonde, peut être irrémédiable, une dissolution des forces vives du pays n'est pas comparable à celui offert par soixante mille familles chrétiennes continuant leur confiance à l'Université, et lui donnant leurs fils à instruire et à former. Peuple de naïfs, dormez tranquilles sur l'oreiller de l'opportunisme républicain qui n'a jusqu'ici, trouvé qu'un bon mot à dire : le cléricalisme, c'est l'ennemi ; qui a laissé vos rentes intactes et suffisamment défendu vos spropriétés ; un jour, vous verrez ce qu'il cachait dans son sein de virus morbides et quand vous en viendrez à en constater les effets dans l'esprit de vos enfants, vous y reconnaîtrez votre folle imprévoyance. Quand vous les verrez secouer tout frein de légitime autorité civile et religieuse, se rouler dans un scepticisme ennemi de toute idée fixe, de toute conviction sérieuse, ne retenant de l'esprit français, que sa tournure railleuse, vous pourrez dire : C'est nous qui l'avons ainsi voulu ! Dieu se sert des enfants pour punir le crime des pères, et pour venger l'oubli de leurs devoirs les plus sacrés, il se sert de la verge la plus cruelle, celle que tient la main qui devait les soutenir dans leur vieillesse et faire la joie de leurs derniers jours.

CHAPITRE X

La politique et les lycées

La politique est un terrain mouvant qui glisse sous les pieds. Les honnêtes gens, quelle que soit la forme de leur esprit, parviennent aisément à s'entendre lorsqu'il s'agit des principes qui sont la base de tout gouvernement respectable et digne de ce nom : où ils se divisent, c'est dans l'application de ces principes.

Pour nous, le meilleur des gouvernements et le plus souhaitable est celui qui ferait le plus de bien à la France. La forme républicaine pourrait donc faire de nous un de ses plus fervents disciples si elle voulait être meilleure que la monarchie ; par malheur, son tempérament ne s'y prête guère. La nature de la politique, ses difficultés qui, pour être abordées, demandent un esprit dejà mûr, habitué à la réflexion, familiariées de longue main, avec toutes les vérités philosophiques, morales, économiques, indiquent assez qu'elle doit être soustraite à l'enfance et à la jeunesse des études. La politique ne serait bonne qu'à troubler ses pensées, qu'à la distraire en pure perte d'autres travaux plus essentiels. Une maison d'éducation doit exclusivement appartenir à la vérité religieuse et scientifique ; chez elle, il ne doit pas y avoir de place pour les opinions, et la politique est essentiellement mobile, sans données fixes, sans certitude absolue. Il y a bien une politique générale qui se compose des devoirs de tout gouvernement, des obligations qui s'imposent à tout pouvoir quel qu'il soit ; mais cette politique là, on doit encore l'exclure de l'éducation, parce qu'elle dépasse la force d'esprit du jeune âge qui a trop à faire ailleurs. Avec le bon sens universel, avec la raison de tous les siècles, nous pouvons affirmer que c'est une profanation d'obliger la jeunesse à politiquer, ou de l'y convier par une machiavélique habileté. Cette profanation, l'Université la commet tous les jours. Instrument de politique elle même ; elle est toujours restée fidèle à sa mission. Toujours, dans son sens, la jeunesse à dû apprendre les passions du jour, les soucis du gouvernement en règne. Sous l'Empire, on lui prêchait les bienfaits du Césarisme ; aujourd'hui, on fait miroiter à ses yeux ceux de la République. C'est d'autant plus facile que les occasions ne manquent pas et naissent d'elles-mêmes lorsqu'on explique les auteurs qui ont chanté sur tous les tons, sur tous les rithmes les Républiques anciennes de Sparte, d'Athènes et de Rome. Et comment n'en serait-il pas ainsi, lorsque ceux qui sont au sommet de l'Université, lui disent dans les occasions les plus solennelles, qu'elle est l'arche de la liberté, qu'elle est le foyer conservateur des immortels principes de 89, de l'esprit laïque, et autres rengaines sur la valeur et la signification desquelles nul ne se méprend?

Et ces excitations à la politique, jetées dans des âmes fraîches, neuves, dépourvues d'expérience, portées à l'amour des nouveauté malsaines produisent leurs fruits naturels.

Nous avons à nous souvenir, pour ne parler que des faits les plus récents, de la manière inconvenante dont l'Empereur du Brésil fut reçu au lycée Bonaparte. Nous ne pensons pas qu'aucun souverain ait jamais la pensée, la tentation, de se risquer, depuis, dans un de nos lycées. Qui ne se souvient des manifestations, tant de fois répétées, de nos étudiants de Paris en faveur de la libre pensée, du radicalisme le plus fort, le plus éhonté? Parmi eux, on chercherait en vain des jeunes gens qui sortent d'ailleurs que de l'Université. Dernièrement, à l'occasion de la destitution de M. de Chavannes à Lyon, n'a-t-on pas vu les étudiants des facultés de l'Etat se livrer à des manifestations tumultueuses, acclamer les doctrines politiques du jour, tandis que les élèves de l'Université Catholique restaient tranquiiles, occupés de leur avancement dans la science? Naguère encore, n'a-t-on pas vu des élèves du lycée d'Avignon envoyer une adresse et de chaleureuses félicitations à M. Madier de Montjau, le saluant comme le type du vrai et de l'aimable républicain? Et un peu avant, les élèves du lycée d'Alger caricaturant un Président de la République parce qu'il passait pour conservateur? Oui, on fait de la politique dans l'Université, et c'est parce que le clergé et les corps religieux n'en font pas, dans leurs établissements, que le gouvernement, par lui-même, par tous ses organes, les signale à l'animadversion publique. Je m'imagine que si nous consentions à prêcher la République à l'enfance, les républicains ne nous feraient pas la guerre acharnée dans laquelle ils perdent tout sentiment de justice, de pudeur et de vérité. Quest-ce donc qui échauffe, à notre égard, si fort leur bile, excite leurs passions farouches et les conduit à provoquer des lois dont toute vraie civilisation aurait honte? C'est que nous ne voulons pas, dans des maisons qui sont faites pour l'étude, pour le calme et la quiétude de l'esprit, introduire les pensées, les agita- -tions de la politique. On dira peut-être que, non contents de rester neutres sur le ter- rain politique, nous fesons de la propagande antirépublicaine. C'est faux. L'Eglise n'a pas de couleurs politiques. Elle vit en paix avec tous les régimes, placée qu'elle est en dehors, et au dessus des gouvernements. Ce n'est pas chez nous, assurément, que les élèves joueront la Marseillaise, (*Courrier de Tarn et Gar.*) comme le fit en avril dernier la Fanfare du lycée de Moutauban dans les rues de la ville; qu'ils souscriront pour les communards, retour de Noumea. Dans une souscription, faite au lycée de Montpellier, les élèves de 3e. et 4e. figurent pour 15 fr. les élèves de 2e. rhétorique et philosophie pour 23 fr. (*L'Union des campagnes* 30 *Mars* 1879). L'Eglise abhorre la politique dans ses écoles. Il est trés vrai que les principes qu'elle inculque aux enfants, que les vérités de l'ordre religieux et social qu'elle enseigne doivent nécessairement en faire des adversaires de Ferry, de Gambetta et de tous leurs pareils et de la République qu'ils nous octroient ; mais cela tient à ce que ces hommes et leur République, n'ont rien qui ressemble à un gouvernement sérieux, véritablement ami des libertés publiques et du droit de chacun. Cela tient à ce que la République qui nous régit n'en a que le nom, et aucune réalité. Elle est la chose d'un parti, et non celle de tout le monde.

La république actuelle a fermé ses portes aux honnêtes gens ; il faut renier sa foi pour y entrer. Aujourd'hui il suffit d'être catholique, d'aller à la messe pour être exclu des fonctions publiques. M. Séguin recteur de Caen, vient de perdre sa place et la raison qu'on en donne, c'est qu'il recevait le clergé avec des manières courtoises et affectueuses. Nos jacobins veulent faire croire que nous sommes les ennemis systématiques de la forme républicaine, ils nous calomnient. Ils seront dans le vrai en disant que nous sommes les ennemis de leurs injustices et de leurs violences. L'Eglise n'a pas deux esprits, elle n'en a qu'un qu'elle applique dans toutes les parties de la terre et sous toutes les formes de gouvernement.

Si, ailleurs qu'en France, cet esprit est reconnu compatible avec la république, aux États-Unis par exemple, il en résulte que nos républicains, quand ils ont le clergé pour adversaire, font autre chose que de la république. L'Eglise, fidèle au précepte de St-Paul, est respectueuse de toute autorité. Elle n'en combat aucune, elle sert d'appui à toutes ; mais elle combat partout où elle les rencontre le mal, l'injustice, l'oppression, la violence voilée et hypocrite, ouverte et patente.

La grande préoccupation des républicains paraît être de convertir tout le monde à la république. Ils ont le droit de l'avoir ; comment ont-ils celui de l'appliquer ? Il y a un moyen correct de convertir à une forme gouvernementale les dissidents : c'est de la faire aimer ; c'est de la rendre la plus haute expression possible de l'ordre et de la prospérité. Si vous faites le commerce et l'industrie florissants, prospères, si vous assurez l'ordre dans la rue, le respect à toutes les choses qui le méritent, le règne de la loi juste, légitime, égale pour tous ; si vous tenez haut et ferme le drapeau de la patrie, et que la rendant calme et heureuse, vous la fassiez encore glorieuse, oh ! alors, soyez tranquilles, on ira volontiers à la république, et l'enfant en sucera l'amour avec le lait. Oui, gouvernez mieux que ceux qui vous ont précédés, mieux que la Restauration, que la monarchie de Juillet, que l'Empire, et chacun oubliera ces régimes pour se rallier au vôtre sans arrière-pensée, le plus sincèrement du monde.

Mais non, cette manière est trop sage pour être celle de nos Jacobins. Ils veulent, avant toute chose, déchristianiser le pays, tuer sa foi religieuse, et sur ses ruines, fonder le règne d'un monstrueux scepticisme. C'est dans ce but qu'ils font une guerre acharnée à l'Eglise, à ses corps religieux. Ils ont le cœur enfielé de la haine sectaire, diabolique ; ils commencent par la répandre en lave corrosive et brûlante ; et c'est quand elle aura tout détruit qu'ils édifieront le gouvernement de leur rêve. Ils veulent donc, pour l'enfant du peuple, dans l'école primaire, l'enseignement sans catéchisme, sans prière, sans Dieu. Arrière les sœurs, les Frères, les pieux laïques, gens

qui ont la sottise de prendre le mot d'ordre
de leurs croyances ailleurs qu'à Paris :
il faut désormais d'autres maîtres, d'autres
maîtresses. Et, quand on songe que c'est
la politique qui inspire ces violences, ces
attentats monstrueux, qui fait dire au ministre de l'Instruction publique cette épou-
vantable parole qu'il veut arracher l'âme
de la France aux catholiques, oui alors, que
doit-on penser des lycées ? Quelles sont les
pensées qui y ont cours ; hélas ! on frémit
d'y songer. Si l'impiété gouvernementale
trouve ailleurs une résistance énergique,
les lycées sont un terrain admirablement
propre à son exercice. Les maîtres, à tous
les degrés, sont travaillés du désir de l'a-
vancement ; il leur faut obéir au vent qui
souffle d'en haut. Sceptiques, positivistes,
rationalistes de toutes les nuances, ils sont
admirablement propres à toutes les évolutions de pensée que la politique rend nécessaires. Qu'on leur fournisse de l'argent et de
l'honneur, qu'importe le reste ? Reportons-
nous à quelques années en arrière, au 4 Sep-
tembre. Des universitaires qui en restant
fidèles aux devoirs de leur carrière, en

suivant, comme on dit, la filière adminis-
trative, seraient arrivés à des postes
médiocres, comme l'était leur capacité, se
trouvèrent en un instant portés aux plus
éminentes dignités. Ils avaient fait de la
politique au 2 décembre, ils avaient donné
leur démission ; ils avaient droit à tout.

Bersot fut directeur de l'Ecole Normale,
Challemel-Lacour, Vapercau, Ribert, Mas-
sicault, ce dernier était simple surveillant,
furent envoyés à de grosses préfectures ;
et Challamet, le protestant, professeur au
lycée de Lyon, devint député. La politique
déplait si peu à l'Université que beaucoup
de ses membres, ennuyés de leur médio-
crité, lui demandent chaque année leur
fortune. Un des derniers professeurs de
rhétorique du lycée de Nîmes, contre la
conduite duquel Mgr Plantier dut protester
dans nous ne savons plus à qu'elle occasion,
s'est réfugié au *XIX Siècle* où il est écrit en
compagnie de M. Sarcey et de M. About
dont on connaît l'esprit antichrétien. Voilà
pères de famille, comment on entend dans
l'Université ce grand devoir de bon sens
qui consiste à faire de l'enseignement un

ministère de calme et de paix, une carrière sereine, exclusivement consacrée aux problèmes de la science et aux beautés de la littérature.

La Révolution a des haines qui la rendent imprudente et des troupes à sa queue que le désordre gagne facilement ; c'est ce qui fait sa faiblesse ; mais elle a une clairvoyance, une pénétration, une finesse d'esprit vraiment extraordinaire, et c'est là sa force. Croyez-vous qu'elle ne sache pas en qui elle se confie, en qui elle espère, lorsque s'efforçant de faire le vide dans les maisons ecclésiastiques, elle veut remplir les universitaires ? Elle se sait maîtresse dans l'Université, maîtresse par l'argent, par l'honneur, par les avancements qu'elle distribue, maitresse surtout par les dispositions d'esprit et de cœur qu'elle connaît dans ses dignitaires et dans tous ses membres. L'Université, entre les mains républicaines, n'a qu'un but : former la nouvelle génération pour leurs idées, pour leurs principes, pour leurs théories. L'instruction, en ce moment plus que jamais, est une question secondaire primée par la question politique. Si les catholiques ne savent pas le voir et le comprendre, c'est qu'ils sont des aveugles volontaires et obstinés. En confiant leurs fils à l'Université, qu'ils soient sûrs de deux malheurs irréparables : ils en auront faits des renégats pour l'Eglise, et des adeptes pour la Révolution. Il serait inouï qu'une institution qui a des Bardoux, des Ferry à sa tête ne manipulât l'âme de la jeunesse en vue de leurs idées. Rappelons-nous que le pouvoir actuel, non seulement n'entend pas que ceux qu'il paie le combattent mais que, de plus, il entend en être efficacement servi. La Révolution, déjà si puissante, entend jeter dans le pays des racines profondes, et le faire absolument sa chose, sa propriété exclusive, son patrimoine inaliénable et insaisissable ; le moyen qu'elle a pour y parvenir, c'est l'Université pour les classes élevées, l'école sans Dieu pour le peuple. Autrefois, c'est au nom de la Religion et de la morale que les pères de famille devaient fuir l'Université ; aujourd'hui, c'est aussi au nom de la conservation sociale et de la saine philosophie.

L'Université est politique dans l'idée qui

la forma, dans le but qui présida à sa création, dans ceux qui la dirigent et dans ceux qui la composent ; à ce titre, aucun catholique ne doit lui confier ses enfants à former ; il nous reste à démontrer qu'elle est à fuir à cause de ceux qui forment sa clientèle fixe, attitrée et de fond.

Où peuvent aller s'instruire, à l'heure qu'il est, et à toute heure possible, les enfants de ces sectaires rigides pour qui la Religion et le clergé sont le péril que chaque jour ils dénoncent aux crédules, aux naïfs qui les croient sur parole ?

Où vont les malheureux enfants qui ont reçu le jour de ces apôtres de l'impiété qui ne voient dans nos dogmes sacrés que matière à insulte, dans notre culte, que d'indignes momeries, dans notre morale sublime, que des barrières gratuitement élevées à l'encontre des légitimes tendances de la nature humaine ; qui, pour tout dire en un mot, voudraient exclure de l'humanité toute croyance religieuse quelconque comme un chancre attaché sur ses flancs ? Ils vont tous à l'Université. C'est elle qui est chargée du développement des idées puisées

dans la famille, et de leur état rudimen-
taire, de les élever jusqu'à la plus haute
perfection dans le genre. C'est une loi réelle,
consolation et récompense des bons parents, châtiment et tourment des mauvais,
qu'ils transmettent avec leur sang quelque
chose de leurs vertus comme de leurs vices.
Les enfants dont nous parlons portent le
germe de toutes les corruptions de l'esprit
qui ont pour fidèles compagnes celles du
cœur et, pour peu que les circonstances
s'y prêtent, ces germes se développant avec
l'énergie dont le mal a le secret, on les
trouve à quinze ans avoir des audaces de
pensées qui font frémir et reculer d'horreur.
Lorsqu'ils tombent entre les mains de maîtres chrétiens, dévoués, compatissants, il
se fait en eux un combat d'où le bien, parfois sort victorieux. Dans l'atmosphère ly-
céenne, où tout favorise l'exclusion des
mauvais instincts, où tout, à plus forte raison, sert à l'accroissement de ceux qui existent déjà, ils se font des modèles de perversité
intellectuelle et morale. Or, je le demande à
vous tous qui avez quelque souci de la conservation de la religion et des principes

qui sont la base de toute société chrétienne, est-ce là la compagnie, le voisinage que vous voulez donner à vos enfants ? Si une pomme pourrie, dans un panier, suffit à les gâter toutes, jugez donc de ce qui adviendra d'eux si votre clairvoyance en défaut, les place dans des lieux faits pour ceux qui sont au pôle opposé de vos sentiments et de vos pensées !

Nous sommes de ceux qui croient volontiers qu'il faut, dans l'humanité, des tempêtes morales comme il en faut de matérielles dans le monde physique. Les unes purifient, assainissent l'air, les autres, en agitant les esprits, en secouant les pensées, séparent ceux qui ne sont pas de même nature et les rendent à leur naturel relief, à leur apparence réelle. Rien n'est triste, déplorable, pernicieux en éducation comme le mélange du bien et du mal, surtout quand ce dernier domine ; parents chrétiens, évitez-le ; il y va de votre bonheur, comme de celui de vos enfants. Que les amis de M. Ferry usent de l'Université ; que les autres, lui tournent le dos.

Il est très vrai, nous ne le contestons pas

à M. Ferry, qu'il existe aujourd'hui deux France superposées l'une à l'autre, vivant côte à côte, mais n'ayant rien de commun l'une avec l'autre. L'une est composée d'hommes, qui, avant tout, veulent jouir. Pour eux, la vie est une arène où l'habileté consiste à se choisir le meilleur lot. Dévoûment à la patrie, sacrifice au bien public, solidarité dans le plaisir comme dans la souffrance, fraternité et justice, vains mots que tout cela. Tout concentrer autour de soi, tout subordonner à l'égoïsme, voilà qui est entendre la vie sans utopie, sans vaine chimère. Le positivisme qui ne voit en tout que le côté tangible, utilitaire, voilà sa religion. Parlez-lui de traditions nationoles, de gloire, d'honneur dans le devoir, elle se mettra à rire. Cette France là a des médecins pour ravaler l'homme au rang de la bête, des avocats qui plaident toutes les causes quand, au bout de chacune, il y a de l'argent ; des magistrats prêts à rendre des services au lieu d'arrêts, des journalistes vendus, plaidant le pour et le contre suivant la feuille où ils écrivent et le drapeau qui les paie. Puis, à sa queue, elle a ce peuple immense dont l'âme, dépouillée de foi, et par suite de résignation, s'est saturée de haine au spectacle d'un luxe effrené, qui insulte à ses misères et à ses souffrances. Ce peuple des bas fonds est là qui s'agite, qui hurle, qui aboie. Il veut sa place au banquet de la vie, et puisque l'habileté lui fait défaut, pour ses revendications insensées, il aura le nombre et la violence. Qui l'a faite cette France ? L'Université. Elle a seule élevé la génération qui passe, et de moitié celle qui resplendit à présent : elle est responsable de tout ce qu'il y a de déchéance morale parmi nous. Elle a fait des savants, des lettrés ; elle n'a fait aucun homme.

Il y a, Dieu merci, à côté de celle-là, une autre France. Elle se relie au passé. Par delà 89, elle donne la main à tout ce qui fut gloire et honneur de la patrie. Nos traditions lui sont chères, traditions de vaillance sur le champ de bataille, de dévoûment aux nobles causes et à l'Eglise. La France lui doit ses missionnaires, ses magistrats intègres, ses soldats courageux. C'est la France de Castelfidardo ; c'est la France qui va en pèlerinage, qui vote et construit l'Eglise de Montmartre et qui, à présent, de toute manière, dit à M. Ferry qu'il est un scandale religieux et politique, l'outrage vivant de la justice et de la liberté. Où est son origine, qui l'a formée ? l'Eglise par son clergé, par ses corps religieux, **par** tous ses enfants.

Quand la première de ces deux France est au pouvoir, on voit ce que nous voyons aujourd'hui même ; le renversement de tout ordre, de toute morale, de tout respect ; on voit à l'intérieur, les bons découragés et les mauvais osant tout ; à l'extérieur, le pays surveillé, tenu en suspicion, objet de mépris et de pitié.

La France de la Révolution et de l'Université voudrait absorber l'autre, au profit de l'unité ; mais l'unité ainsi faite serait l'unité dans le mal, c'est-à-dire la consommation de notre ruine. Si nous devons nous relever un jour de nos désastres et reprendre la place d'honneur que nous avons si longtemps occupée, ce sera par la France de Charlemagne et de Saint Louis, par la France, fille aînée de l'Eglise, seule héritière des vertus et du courage de nos aïeux.

L'unité par le despotisme dans la politique, par le monopole dans l'enseignement, c'est la nation abaissée, et, bientôt, ne formant plus qu'un vil troupeau composé de rhéteurs à la tête, de repus au milieu, d'esclaves demandant du pain, et des yeux, à la queue. Le mal a sa place dans le monde, et c'est pourquoi M. Ferry s'y trouve, mais le bien y a encore plus la sienne, et c'est pourquoi le dualisme qui offusque nos radicaux durera perpétuellement. Nous aurions plus de raison qu'eux de désirer et de vouloir l'unité des esprits dans l'unité de territoire ; mais la sachant impossible, nous nous contentons de la liberté.

Au moment où nous écrivons, le lycée de Lille vient, à propos, démontrer combien nous sommes dans le vrai lorsque nous prétendons que la politique, et la politique violente, est dans l'Université. Déjà, l'an dernier, sa musique n'avait pas paru à la procession de la Fête-Dieu, comme c'était l'usage. Cette année, elle a tenu à profaner une cérèmonie touchante et qu'on ne saurait jamais entourer de trop de respect, la 1re. communion. Dans l'intérieur de la chapelle, la pieuse fête s'était convenablemsnt passée, mais pour faire honneur aux communiants, on n'a rien trouvé de mieux que de les recevoir à leur sortie au son de la *Marseillaise*, jouée aux applaudissements des autres élèves. (*Vraie France, Mai* 1879). C'est la première fois qu'on associe le chant de l'émeute et des jours ensanglantés aux douces émolions du plus beau jour de la vie : et ce fait odieux a lieu dans un lycée! On dira peut-être que l'administration du lycée n'est pour rien dans cette énormité qui soulève le dégoût, et qu'elle est simplement le fait d'une chef de musique et de jeunes esprits sans discernement et sans pudeur ; cela nous voutons l'accorder, mais le fait n'en prouve alors que mieux notre thèse. Les passions politiques sont tellement entrées dans les mœurs universitaires qu'il suffit de les laisser à leurs propres forces pour être témoin de choses qu'on n'avait pas encore vúes ; pour voir, associé à ce qu'il y a de plus sacré, tout ce qu'il y a de plus hideux dans les souvenirs de notre histoire nationale. Un souvenir personnel nous vient. C'était le 14 Octobre 1878, Nous étions dans un vagon de

3°. au chemin de fer en compagnie d'une de nos parentes, lorsque près d'un de nos grands boulevards du radicalisme, huit à dix chasseurs montèrent bruyamment à côté de nous. Favorisés par l'heure avancée de la nuit, c'était 9 heures du soir, ils se livrèrent à mille lâchetés plus cruelles les unes que les autres. Ce ne furent, jusqu'à l'entrée de la grande ville, que chants obcènes et...de la *Marseillaise*. Ils comprenaient, ces civilisés du mal, que cet air et ces couplets étaient en parfaite situation pour insulter, en la personne d'un prêtre et devant une femme, les sentiments les plus respectables et les plus augustes. Ces chasseurs de Marseille et les lycéens de Lille ont des points de contact et doivent appartenir à la même éducation. A travers la distance qui les sépare, ils peuvent se donner la main et se reconnaître pour frères.

CHAPITRE XI

La Religion et le lycée

Tout le monde connaît ou devrait connaître ce fameux rapport de neuf aumôniers, envoyé pendant le gouvernement de la Restauration à l'archevêque de Paris, et où ils constatent ce fait douloureux, que sur cent jeunes gens, quatre-vingt dix perdent leur Foi et leurs mœurs dans les collèges de l'État. Ce rapport s'écrivait sous un pouvoir religieux, réparateur, et lorsque le ministère de l'Instruction publique était dirigé par un savant évêque. Imaginez donc, si vous le pouvez, ce que la Religion doit être sous des ministres radicaux, impies, francs-maçons, et lorsque le pouvoir qui tient sous sa main l'Université, persécute l'Église et les corps religieux, lorsque le cléricalisme est l'ennemi, lorsque le gouvernement fait contre la Religion la plus redoutable levée de boucliers qui se soit vue, lorsqu'il laisse se déchaîner contre elle toute la presse, tout ce que la pensée humaine renferme de plus impur, de plus violent, de plus vénimeux !

Toujours, dans l'Université on a pensé ce qu'on a voulu. Surveillants, professeurs, censeurs, proviseurs sont ce qu'ils veulent être : rationalistes, protestants, déistes, panthéistes, positivistes, darvinistes. Ils peuvent, sans conséquence, se faire dans le domaine des opinions et des croyances la place qui leur convient. Il n'y a pas d'orthodoxie dans l'Université ; chacun dispose en maître souverain de ses goûts et de ses pensées. Et on y profite de cette liberté.

Supposons maintenant, et nous serons dans le vrai des choses, que sur deux ou trois maîtres catholiques, tous les autres, dans un lycée ou collége, appartiennent aux différents systèmes d'erreur qui s'appellent de tous les noms possibles, croyez-vous, père de famille, que votre enfant puisse conserver la Foi et les enseignements dont vous avez rempli sa jeune âme ? Ils n'est jamais venu à l'idée de personne de laisser Rousseau, Voltaire, Rabelais, Volney, Diderot, d'Alembert et autres auteurs semblables entre les mains d'un enfant, parce que ce serait lui inoculer des poisons violents, des germes morbides qui jetteraient le désordre dans son intelligence, en feraient un sceptique à quinze ans ; eh bien, chose monstrueuse, on ne craint pas, cet enfant, de le mettre pendant toutes les années de sa formation, en présence, en contact permanent avec les disciples de ces grands sophistes. Peut-être croit-on, ou se persuade-t-on, qu'un maître en fesant sa surveillance ou sa classe, ne fait que de la discipline, de la science ou de la littérature, laissant dans l'ombre et le silence tout ce qui est Foi et Religion. Cela serait que ce serait un très grand mal. L'Évangile a jugé et flétri ces maîtres là en disant, que quiconque n'est pas avec le Christ est son ennemi ; que celui-là disperse qui ne ramasse pas avec lui. Oui, il suffirait que l'école fût, le plus loyalement du monde, employée aux connaissances purement humaines et rationnelles pour que l'enfant y vit une éloquente protestation contre tout ce qui appartient à l'ordre surnaturel. Il y a deux vérités également certaines : la première c'est qu'un maître religieux n'enseignera jamais la science sans y faire intervenir son auteur ; la seconde, c'est qu'un maître impie trouvera toujours mille moyens de faire passer son impiété à travers les mailles souples de l'enseignement.

La Foi commandant à nos passions et leur imposant un joug de fer, ne s'acquiert et ne se fortifie dans une jeune âme qu'au prix de constants efforts d'elle-même, aidée des constants efforts de ceux qui l'entourent. Ne croire à rien pour faire ce qu'on veut, voilà le facile. Un enfant, surtout lorsqu'il commence à sentir l'aiguillon des passions, ne demande pas qu'on lui présente aux yeux le spectre d'un Dieu vengeur par delà les limites de la fragile existence. Tout entier aux mirages trompeurs de la vie des sens, il désire en savourer les brillantes perspectives, et quand il sera tant soi peu mûr pour la volupté, en épuiser la coupe. Ce n'est pas lui qui demandera à ses maîtres qu'ils soient des apôtres de la vérité religieuse ; il préfère s'autoriser de leur silence pour en rejeter le fardeau.

Voilà ce que sait le maître chrétien et ce qui fait qu'il ne consentira jamais à séparer la Religion de la science. Quant au Voltairien, l'Etat dans la personne de ses chefs hiérarchiques, lui aurait-il fait toucher du doigt les inconvénients matériels et de scandale qu'il y aurait à faire de prosélytisme incroyant, il se montrera toujours ce qu'il est aux yeux des enfants. Il aurait beau couvrir ses pensées, c'est à chaque instant qu'elles passeront à travers leur voile d'emprunt, pour faire leur œuvre de dévastation. La Foi est une semence qui, pour fructifier dans une âme, a besoin de la parole et de l'exemple. Dans le lycée, point de paroles ou des paroles contraires ; point d'exemples, ou des exemples corrupteurs.

Elles ne peuvent pas prêcher la Foi ces bouches de professeurs habitués pour la plupart au mépris de nos saints mystères ; quant à leur vie, ou elle se dérobe à l'enfant, ou elle se passe en œuvre qui ne peuvent point l'édifier. Quand et où l'enfant les voit-il se confesser, communier, pratiquer la charité et les autres œuvres du christianisme ?

Mauvaise par elle-même, irreligieuse en tout temps, que peut-elle, que doit-elle être à présent, constituée l'auxiliaire, dans l'éducation et auprès de la jeunesse, d'un pouvoir qui dit de l'Église ; voilà l'ennemi !

L'enfant du lycée n'a rien à attendre de bon pour la Foi des maîtres, ni en paroles, ni en exemples; voilà qui est constaté ; sera-t-il plus heureux du côté de ses condisciples ? Hélas non ! La jeunesse des lycées est tout ce qu'on peut imaginer de plus triste. A seize, dix-huit ans, sceptique d'esprit, gâtée de cœur, il n'y a en elle plus aucune place pour les grandes pensées, ni pour les nobles sentiments. Parvenir à une carrière lucrative et commode ; aspirer aux honneurs et aux plaisirs mondains ; apprendre de la science et de la littérature le côté strictement utilitaire, voilà tout ce qui l'occupe. N'essayez pas de secouer ces âmes pétrifiées dans la boue de ce bas monde, ce serait peine perdue, ou chercher une indignation stérile.

Le lycée est une terre féconde en toute sorte d'espiègleries, politiques, philosophiques, re igieuses et sociales ; mais parfois, les farces y dégénèrent en actions lugubres. On n'a pas oublié l'histoire de ces trois adolescents du lycée de Clermont qui, il y a peu d'années, après avoir communié, gardèrent l'hostie consacrée pour s'en amuser et la profaner. Si vous prétendez que c'est un cas particulier d'abominable polissonnerie, lisez le récit de ce qui vient d'avoir lieu dans la Loire.

Nous empruntons au *Journal de Roanne*, du 4 mai, le récit suivant d'un abominable sacrilége qui a été commis, le dimanche des Rameaux, au collége de cette ville. Nous livrons sans commentaire à l'indignation des âmes chrétiennes ce fait horrible et le scandale de son impunité :

« Le dimanche des Rameaux, un élève du collége de Roanne, conservant dans sa bouche l'hostie qu'il venait de recevoir à la table de la

Communion, l'a crachée dans son livre et pliée dans un morceau de papier. Au sortir de l'office, il a dit à ses camarades qu'il avait le bon Dieu dans sa poche, et a fini par leur montrer l'hostie, en les invitant à regarder à travers s'ils le verrait dedans. L'hostie, après avoir été profanée, aurait été détruite.

Informé de ce fait par des parents auxquels des enfants l'avaient révélé pendant les vacances de Pâques, M. l'Aumônier aurait réclamé de M. le Principal le renvoi du coupable. M. le principal a refusé de chasser un élève pour ces choses là...., et en effet, l'élève est *toujours* au collége ; ce n'est pas un boursier.

La grande âme laïque de F. Audiffred a dû tressaillir d'aise, car voilà de la laïcité, ou je ne m'y connais guère. On dirait que le petit garnement en question, a profité des leçons de celui que les électeurs viennent si sottement d'envoyer à la Chambre. Comme F. Audiffred, ce jeune gredin veut cultiver le savoir positif ayant pour base unique la science.

Allons braves radicaux qui ne voulez pas qu'on embarrasse la jeune âme de vos enfants de vaines et inutiles croyances religieuses, vous tenez enfin l'école qui vous convient : accourez au collége de Roanne.

Si nous avons à signaler de pareils faits avant les lois Ferry, que sera-ce donc après ?

Et dire que le conseil municipal prélève chaque année sur les contribuables 18,000 fr. pour les donner à cet excellent établissement !. Allons vite, Messieurs du conseil, quelques milliers de francs de plus ! Vous le voyez, c'est de l'argent bien placé ! »

Nous l'avouons en toute sincérité : le principal ne renvoyant pas, aussitôt son crime prouvé, le jeune impie, et refusant de le renvoyer à la demande de l'aumônier, nous paraît être, en éducation, un phénomène qu'on ne saurait voir que sous le gouvernement d'une République jacobine. Quant à l'aumônier, il nous semble n'avoir ni compris son devoir, ni senti l'honneur : il devait donner immédiatement sa démission.

Faut-il, pour les plus difficiles, citer d'autres exemples ? Celui qui de nos jours exalte la mémoire d'un Robespierre, d'un Marat, d'un Danton, qui fait profession de les aimer et de les admirer passe à bon droit pour valoir juste comme eux. Pareillement, ceux qui admirent un Madier Montjau dont la parole n'a jamais retenti à la tribune que pour insulter la Religion et signaler ses mi-

nistres au mépris et à la haine publics, doivent
passer pour lui ressembler : eh bien, c'est tout
un groupe des lycéens d'Avignon qui, dans
une adresse, lui a décerné les plus chaleureuses louanges saluant en ce sectaire le type du
vrai républicain. De pareils faits, qu'on le sache bien, excitent dans les âmes, quelles que
soient d'ailleurs leurs convictions, un tel dégoût, que les proviseurs sont généralement
très mortifiés à leur apparition. S'ils ne crai-
gnent pas l'insulte faites à Dieu et aux saintes
croyances, ils redoutent le scandale et le bruit.
Si donc, malgré leur vigilance à ne rien laisser paraître au dehors de ce qui peut les compromettre aux yeux des familles ; si malgré
l'habitude qu'ont les lycées de laver leur
linge sâle en famille, il passe à travers leurs
murailles tant de choses condamnables, c'est
que l'air de ces établissements renferme tous
les miasmes les plus mortels pour la Foi de la
jeunesse.

On parle chaque jour de séparation de l'E-
glise et de l'État. Plût à Dieu qu'on la fît loyalement, sincèrement et qu'on ne persécutât pas.
Il ne s'agit pas pour l'État, en se séparant de
l'Eglise, de lui retirer les 40 millions qu'elle

lui donne. Ils ne sont que les intérêts des biens qui lui furent pris. (1) D'ailleurs, l'État ferait-il banqueroute au clergé, qu'y gagnerait la France, quel profit y auraient les contribuables? Il leur faudrait toujours entretenir le culte et ses ministres. Mais l'État préfère persécuter que séparer. Il y a une séparation que nous appelons de tous nos vœux : c'est celle du

(1) Le traitement des membres du clergé est la représentation de l'indemnité que la France s'est engagée, en deux occasions solennelles, à attribuer à l'Eglise en échange des biens qu'elle possédait et dont elle a été dépouillée en 1789.

Le premier des ses engagements a été pris en 1789, dans le décret même qui « *mettait les biens ecclé- siastiques à la disposition de la nation.* » Voici le texte de ce decret dont nous pourrions encore réclamer l'exécution pleine et entière :

« L'Assemblée nationale décrète :

" 1. Que tous les biens ecclésiastiques sont à la " disposition de la Nation, A LA CHARGE de pour- " voir d'une manière convenable aux frais du culte, " à l'entretien de ses ministres et au soulagement " des pauvres, sous la surveillance et d'après les " instructions des provinces ;

" Que dans les dispositions à faire pour subvenir " à l'entretien des ministre de la religion, *il ne pourra* " *être assuré à la dotation d'aucune cure,* MOINS DE " DOUZE CENTS LIVRES PAR ANNÉE , *non compris le loge-* " *ment et les jardins en dépendant.* „

clergé et de l'Université. Le bien que le clergé fait dans l'Université est fort problématique, tandis que les aumôniers sont pour elle une puissante recommandation.

Puisqu'il est avéré que les enfants perdent dans les lycées et colléges de l'État Foi et mœurs, pourquoi le prêtre, par sa présence, serait-il une enseigne protectrice? L'Université, avec un soin jaloux, chasse le clergé de tous les postes où il lui porte ombrage : du Conseil Supérieur de l'instruction publique, des conseils départementaux, de partout où elle se sent le pouvoir sans trop de danger; nous demandons, nous, que pour sa dignité et sa conscience, le clergé se retire de lui-même des services que le radicalisme universitaire d'un Bert ne peut songer à lui enlever.

Il n'est point permis à un père, à une mère d'envoyer ses enfants dans les écoles où sa foi et ses mœurs courent des dangers ; d'autre part il est surabondamment prouvé que l'Université les fait courir, pourquoi dont sommes-nous condamnés à voir des prêtres la patroner par leur science et leurs vertus mises à son service? L'impiété universitaire fait la guerre à l'Eglise ; que l'Eglise se retire sous sa tente, laissant l'Université à ses seules forces. Aujourd'hui, l'État montre le plus parfait mauvais vouloir à l'aumônerie militaire, nous l'invitons à en faire autant à celle de son instruction. L'aumônerie des lycées supprimée, l'Université conduira sa jeunesse dans les Églises des paroisses. Quand elle s'amusera de Virgile, d'Horace ou de moins encore, en guise de livre d'heure ; quand elle se distraira, pendant les saintes cérémonies, à caresser sa barbe naissante ou ses cheveux lustrés, à regarder de côté et d'autres avec des yeux lutins, nous aurons chance de la voir. Nous observerons sa tenue ; au milieu d'elle, nous chercherons ses maîtres, et quand nous écrirons, nous aurons de précieux documents en nombre considérable.

On pourrait croire que la passion nous agite ; helas! nous ne dirons jamais la centième partie du mal qui a été dit et prouvé au compte de l'Université, bien avant qu'elle fût ce qu'elle est devenue. Voici ce qu'en dit Lacordaire qui fût un de ses adversaires après avoir été un de ses élèves.

« J'ai réfléchi souvent à l'éducation que j'avais reçue, à cette dégradation morale où nous plongeaient la tyrannie de jeunes gens plus âgés que tels autres, la corruption des mœurs, l'amour du désordre, le peu d'estime des maîtres, l'absence et la haine de la religion, la faiblesse des classes de philosophie et de tout ce qui se rattache aux sciences morales, et je me suis demandé comment il pouvait sortir de ce gouffre des âmes qui ne fussent pas perdues jusqu'à la moelle des os, et où ne fût pas éteinte l'espérance du bien. *J'ai depuis recontré des jeunes gens élevés par ces hommes tant haïs qu'on appelle Jésuites, et, au respect profond qu'ils portaient à leurs anciens instituteurs,* à l'amour qu'ils avaient conservé pour le lieu de leur éducation, au charme de leurs souvenirs, *j'ai compris que la religion seule rendait la jeunesse pure, heureuse, et donnait à l'Etat des citoyens qui eussent commencé par l'innocence pour finir par la vertu.*

« L'autorité est la seule voie possible pour élever la jeunesse, parce que la raison est encore trop faible en elle pour lui servir de levier, *et la foi chrétienne est la seule autorité assez forte pour lui donner l'amour de l'ordre,* de saines habitudes, des idées justes de la société, en attendant que la raison puisse venir sanctionner son ouvrage. Sans doute, je me suis trouvé au collége dans des temps malheureux, et je ne juge pas l'Université sur ce que j'ai vu ; *je dis seulement que, dans l'Université ou ailleurs, la religion doit être la base de l'éducation.*

Voici un autre témoignage, celui de Lamartine : « Ce collége était peuplé de 200 enfants vicieux, gouvernés par des maîtres violents; intéressés, ne déguisant pas leur indifférence : je vis en eux des geoliers. » Entré chez les Pères de la Foi, Lamartine dit : « En y entrant, je sentis en peu de jours la différence prodigieuse qu'il y a entre l'éducation venale, vendue à de nombreux enfants par des industriels enseignants, et l'enseignement, donné au nom de Dieu, par des maîtres voués à cette œuvre. Là je trouvai la pureté, la prière, la charité, une douce et paternelle surveillance, le ton bienveillant de la famille. »

« Qui donc, dit Musset, osera raconter ce qui se passait alors dans les colléges? Les hommes niaient tout ; les jeunes gens en sortaient avec le blasphème à la bouche. Assis nonchalemment sous les arbrisseaux en fleurs, ils tenaient par moment des propos qui auraient fait frémir d'horreur les bosquets immobiles de Versailles. » Jouffroy passant de l'enseignement de sa mère à celui de l'Université, dit : « Ce moment fût affreux. Il me semblait sentir ma première vie si riante, si pleine, s'éteindre, et derrière moi s'en ouvrir une autre, sombre et dépouillée, où désormais j'allais vivre seul avec ma fatale pensée.. Ce fût le moment le plus triste de ma vie. »

Nous ne terminerons pas ce chapitre sans dire un mot d'une objection que nous avons entendu formuler ainsi: L'attitude des Evêques à l'égard de l'Université est, non seulement correcte, mais encore bienveillante. Ils ont soin de la pourvoir d'aumôniers et ils se font une règle de les choisir parmi les prêtres les plus distingués. De temps en temps, ils vont dans les lycées pour donner la confirmation, et il n'est pas rare, qu'ils y prononcent des paroles d'éloge à l'adresse des différents services qui y fonctionnent.

Les Evêques ne confient à personne le soin de parler en leur nom, et ils n'entendent pas davantage que personne engage leur responsabilité. Mais leur situation à l'égard de l'Université est du domaine de l'observation. Cha-

cun peut en discuter, à la condition de le faire
en termes convenables et, autant que possible,
avec de justes idées.

Qu'est-ce que l'Université pour les Evêques?
Un service de l'Etat. Or, pour l'Etat, ils ont
toute la condescendance qui peut s'allier avec
la conscience. Dans l'Université, ils louent volontiers ce qui est louable ; car, tout absolument n'y peut être mauvais. Mais, ils s'en mon-
trent les adversaires manifestes, en établissant partout où ils peuvent l'enseignement religieux, et en en favorisant de tout leur pouvoir
la propagation. Peuvent-ils, doivent-ils refuser
aux lycées des aumôniers? Question grave et
perplexe qui ne regarde que leur conscience.
De deux maux, sans en approuver aucun, on
choisit le moindre. C'est un mal de fournir aux
lycées une enseigne trompeuse, et ce serait
peut-être, un plus grand mal de l'enlever.
Les Evêques veulent, autant qu'il est en leur
pouvoir, diminuer le mal qui se fait dans les
lycées ; et ponr cela, ils y mettent des prêtres;
mais en a-t-on jamais vu un seul envoyer un
enfant dans l'Université, directement ou par
voie de conseil? Toute la question est là. Les
pensez-vous libres quand ils donnent les pou-

voirs et l'investiture aux aumôniers? La vérité est qu'ils subissent en cela, la plupart du temps, deux espèces de coaction : la première en plaçant un prêtre là où son ministère est un problème de bien ou de mal ; la seconde en plaçant la personne qui, souvent, n'est pas de leur choix, mais de celui d'un proviseur, d'un recteur, d'un ministre. Car, c'est à Paris que se discute la question des personnes en ce qui regarde l'Université.

Il n'y a rien de commun entre l'Eglise et l'Université. Il fut un temps où de bons esprits de l'un et de l'autre côté, rêvaient leur commune alliance. Le temps a fait justice de cette utopie, de cette chimère irréalisable. Aujourd'hui, le divorce, la séparation est un fait accompli. Si le prêtre des lycées n'est pas considéré comme un transfuge, du moins, ses confrères plaignent son malheureux sort, et admirent son esprit d'accommodement. Bien peu voudraint être à sa place. Autrefois, pas mal de prêtres s'enfermaient dans l'Université ; l'expérience de l'inutilité de leurs efforts les en a, peu a peu, fait sortir. Comptez ceux qui s'y trouvent à présent, et vous verrez que l'Université est bien laïque, à point pour les goûts de notre République.

Dans un chapitre spécial, nous avons parlé de l'aumônier dont la présence, dans les lycées, trompe tant de familles ; un fait tout récent prouve l'inefficacité de son ministère.

Il n'y a eu, dans le lycée d'une *très-grande ville* du Nord, dit la *Vraie France*, que HUIT communions pascales, *trois* pour la première division, *une* pour la division moyenne, *quatre* pour la petite division. Il s'agit, le lecteur l'a bien compris, du lycée de Lille.

CHAPITRE XII

L'Université et l'honneur.

Il y a une loi qui autorise tout citoyen jouissant de ses droits civils et politiques, et qui ayant, d'ailleurs, les grades requis, n'est frappé d'aucune incapacité morale, à ouvrir une institution secondaire. Cette loi de 1850 n'est pas une loi de liberté, non, mais une transaction entre les droits de la liberté et les abus et la force du monopole. Elle ne peut pas être une loi de liberté, attendu qu'elle laisse à l'Université le privilége de conférer les grades dont l'enseignement libre a besoin pour ouvrir des écoles ; attendu encore qu'elle laisse à l'Université les bàtiments de l'État, les trésors, et les décorations, et les retraites de l'État, tandis qu'elle dit à l'instruction libre : lutte si tu peux, et meurs si tu ne peux pas. Or, cette loi est battue en brèche par nos Jacobins qui ne peuvent la supporter. Il la leur faut restreindre d'une façon ou d'autre. A sa faveur, il s'est établi une foule d'institutions où les familles vont en masse, et qui n'ont pas peu contribué à élever le niveau des études. Le pays n'a pour elles que bénédictions, car, il leur doit de signalés bienfaits dont ce n'est pas ici le lieu de parler. Mais, l'éducation y est chrétienne, et le maçonisme régnant ne peut le leur pardonner.

Il y a une autre loi plus récente qui soustrait le père de famille à l'horrible nécessité d'exposer son fils au souffle, à l'enseignement du matérialisme quand il se fait médecin ou avocat ; c'est la loi de l'enseignement supérieur qui, elle aussi, n'est pas une loi de liberté, tant s'en faut. Non seulement, les Universités libres devraient pouvoir exister, mais elles devraient encore pouvoir conférer les grades. Nos Radicaux lui ont voué une haine mortelle. Cette loi n'a que du bien à son actif, et c'est en vain qu'on cherche dans son fonctionnement, un vice, un méfait quelconque pour en attaquer l'existence. Nonobstant ses qualités manifestes et les droits sacrés qu'elle a pour mission de satisfaire, cette loi est menacée de tels coups qu'il faut s'attendre à la voir disparaître.

La liberté, la dignité humaine n'a jamais été attaquée avec autant d'audace.

On veut frapper d'incapacité pour l'enseignement ceux qui en sont la gloire et l'ornement; ceux qui lui consacrent depuis de longues années les plus pures vertus de l'âme et les plus éminentes qualités de l'esprit. On veut priver la moitié de la Jeunesse Française des hommes dont elle a appris à vénérer le caractère et à admirer le savoir. On veut, par une loi d'ostracisme auprès de laquelle la Révocation de l'édit de Nantes est l'innocence même, signifier qu'ils sont indignes d'enseigner la Jeunesse de leur pays, à des hommes comme les Pères de Montfort, ancien officier de génie, élève de l'école polytechnique, Turquand, ancien officier d'artillerie, élève de l'école polytechnique; Jomand, ancien ingénieur des Ponts et chaussées, élève de l'école polytechnique ; dé Bénazé, ancien ingénieur des constructions navales, élève de l'école polytechnique ; d'Esclaibes, ancien ingénieur des mines, élève de l'école polytechnique ; Saussier, ancien officier de marine ; Bernière, ancien officier de marine ; de Plat, ancien capitaine de vaisseau ; Lajudic, Escoffier, élèves de St Cyr ; Jobert et Legouix, docteur ès sciences ; Verdier, agrégé d'histoire. (1)

(1) Ce n'est pas d'aujour d'hui que la science fleurit dans le clergé. Qui a créé la musique? Un prêtre, Guy d'Arezzo. Qui a décrit le premier les effets de le vapeur? Un Evêque, Albert. Qui a inventé l'horloge? Un prêtre, Richard Valigfort ; les aéorostats? Un Jésuite, Gusmao. Qui a créé l'hydraulique? Un prêtre, Mariotte; la crystallographie? Un prêtre, Hauï ; le calcul infinitésimal? Un religieux, Cavalieri. Qui a donné le meilleur système en Géogénie? Un Jesuite, Pérérius. Qui a corrigé le calendrier? Un Jesuite, Clavius. Qui a fait l'astronomie? Un prêtre, Copernic, et un Cardinal, Cusa. Qui a mesuré le méridien terrestre? Un prêtre, Picard ; démontré la pesanteur des corps? Un docteur théologien, Keppler. Qui a fait parler les sourds-muets? L'abbé de l'Epée. Qui a lu les hyéroglîphes avant Champollion? Un prêtre, Maï. Qui a inventé les télégraphes? Un prêtre, Chappe; la poudre? Un religieux, Schwartz. Et l'Université, qu'a-t-elle inventé? Des manuels de pédagogie que vendent

Par quels crimes, par quels méfaits ces hommes ont-ils mérité la honte d'être interdits? Par leurs vertus. Ils se sont trouvés avoir soif d'immolation chrétienne, de dévoûment chrétien, et ils se sont fait religieux pour mieux donner carrière à leur heroïque charité ; voilà tout leur crime. Ils ont formé des phalanges de jeunes gens que l'on voit occuper avec honneur les plus hautes charges dans le clergé, la magistrature et l'armée, dignes élèves des plus grands maîtres ; voilà leurs méfaits. Ah! si, à leur charge, ils reconnaissent ne pouvoir enseigner l'impiété et faire tous leurs efforts pour former, dans le savant, le chrétien qui répugne essentiellement aux doctrines révolutionnaires. Là est leur crime irrémissible. Ils prennent, comme nous catholiques, le mot d'ordre de leur foi, de leurs mœurs, de leur conscience à Rome ; et, c'est un autre vice qu'on leur

Hachette, Delalain, Belin et autres au grand profit dé leurs auteurs.

La science, la littérature de boutique ; c'est le lot de l'Université. Elle reproduit, commente, annote ; créer, elle ne le peut. Elle n'a produit ni poëtes, ni orateurs, ni savants, ni artistes, mais infiniment de grammairiens.

reproche. Faire le bien, combattre le mal, c'est leur cas, et il parait abominable à l'armée des sectaires. C'est pourquoi, ils seront bannis. On fermera leurs colléges et on poussera leurs élèves dans ceux de l'Université par le *Compelle intrare* du plus inouï des despotismes.

Devant ces impudeurs sans nom, qu'a fait l'Université? Elle a gardé le silence! Il nous semblait qu'elle devait se sentir atteinte dans toutes les susceptibilités de son libéralisme et de son honneur; mais pas du tout, il lui convient de laisser faire, et d'accroître son règne et son influence, sur la ruine de ses rivaux. Eh quoi! N'est-ce pas elle qui, appréciant dans l'éducation, les services rendus par tous ces prêtres, par tous ces religieux dont le dévoûment et la science ont stimulé sa propre ardeur, en même temps qu'ils donnaient au pays une génération d'hommes vaillants, devait les défendre? N'est-ce pas elle qui, appelée à recueillir les fruits du despotisme devait le combattre? Ou nous n'entendons rien à l'honneur, à la dignité des caractères et à l'élévation des sentiments, ou nous sommes dans la vérité lorsque nous prétendons que l'attitude de l'Université est essentiellement louche et incorrecte.

Comment, il ne s'est pas trouvé, parmi ses trois ou quatre mille professeurs à tous les degrés, cent, cinquante, vingt hommes de cœur, les dix justes de l'Ecriture pour dire au pouvoir : permettez, vous avez beau haïr les Jésuites, vous ne pouvez les persécuter. Sans doute, leurs principes ne sont pas vos principes et leurs idées vos idées, mais néamoins, ils sont des littérateurs, des savants, des artistes, et au nom de la liberté, ils doivent vous être respectables et sacrés. Nousmêmes, nous ne les aimons pas, et nous ne nous fesons pas faute de les combattre, mais vos attaques nous créent l'obligation de les défendre. Si jamais nous étions, par impossible, appelés à recueillir leurs dépouilles, l'honneur veut qu'au préalable, nous les ayons défendus. Ils sont nos concurrents heureux, et nous sommes en situation de savoir, par là même, ce qu'ils doivent déployer d'ardeur, de courage, de savoir et de vertu ; c'est par ce côté et ce caractère de compagnons d'armes, qu'ils doivent nous être chers.

Ils sont pour nous le stimulant, l'aiguillon qui nous pousse en avant et nous sollicite au travail et au progrès. Ils ont de grandes maisons qui sont les vrais palais de l'éducation, de magnifiques laboratoires, de riches cabinets de physique et d'histoire naturelle; ils ont le talent, auquel ils y ajoutent le feu sacré du dévoûment à la jeunesse; oui, la justice et la vérité nous obligent de reconnaître en eux de véritables éducateurs. Notre témoignage ne vous est pas suspect, mais pour le corroborer, allez auprès de nos examinateurs des facultés, et ils vous diront si leurs élèves sont les dérniers venus, et s'ils] n'ont pas profité á leurs leçons. Vous vous plaignez que leurs livres ne respirent pas l'amour de la Révolution et que la tendance de leur enseignement est à l'encontre de vos théories gouvernementales; mais la liberté, qu'en faites-vous? Depuis quand existe-t-elle pour empêcher la pensée de courir où elle veut dans le domaine des opinions facultatives, et pour produire cette unité des sentiments qui est la plus colossale sottise de votre orgueil en démence? L'unité dans la pensée;

mais elle n'a jamais pu exister dans le monde, et quand les tyrans l'ont voulue et cherchée, après avoir été longtemps comprimée, les esprits ont brisé, étouffé la tyrannie. L'unité, mais il n'y a que la vérité qui pourrait revendiquer le droit de la produire ; l'avez-vous dans l'histoire, dans la philosophie, dans la science et la littérature, dans la politique même? L'avez-vous, mais exclusivement à votre usage, de manière, que ceux qui ne pensent pas comme vous, n'en ont pas un brin? Non, vous ne pouvez prétendre l'avoir, et l'auriez-vous, par le fait, qu'il resterait le droit de le nier, le droit d'être admis à penser et à enseigner au rebours de vous.

Des Jésuites, pensez et dites-en ce que vous voudrez, mais à moins de relever à leur charge des crimes et des délits de droit commun, vous ne pouvez les atteindre que par la persécution. Et, si vous les persécutez, on verra ce phénomène, que des libéraux outrageront ceux qu'ont respectés, les rois, les reines, les empereurs et les républiques; et finalement, la France et l'Europe verront qu'au lieu d'être les sincères partisans de la liberté, vous n'en êtes que les blagueurs.

Quoique malade, la France honnête eût compris ce langage et en eût su gré à l'Université. En le tenant, elle se fut honorée et eût écrit dans son histoire, une page glorieuse qui en aurait fait oublier bien d'autres. Elle a préféré se taire. Une voix, cependant, une seule, s'est fait entendre, mais il lui a fallu sortir de son sein avant de jeter dans le monde le cri d'une conscience indignée. Cette voix est celle de M. Bouillier qui a noblement défendu le droit et la liberté.

En un temps où on ne peut signer une pétition contre des projets despotiques, si despotiques qu'il suffit d'être honnête pour en avoir l'âme bouleversée, sans être suspendu, révoqué, oui, nous comprenons que l'universitaire hésite à se compromettre, mais ce que nous ne comprendrons jamais, c'est que parmi tant de professeurs de lycée, tant d'inspecteurs, tant de titulaires de chaire dans les Facultés, il ne se soit pas trouvé dix cœurs indépendants pour sauver l'honneur du corps tout entier. Hé bien, soit, laissons l'Université au soins de ses rentes, à l'intelligence particulière qu'elle a de sa considération, et que l'histoire apprenne à nos neveux, qu'à une époque où il s'agissait de tuer ses rivaux, elle battit des mains à leur immolation. Oui, qu'elle reste chère aux sectaires pour qui l'Eglise est l'ennemi, *l'infâme*, dont il faut préparer la ruine ; qu'elle suive leur fortune et partage la honte qui s'attache à leur persécution.

On se bat pour vous, Université ; pour vous, on ne recule pas devant l'oppression brutale des consciences et la confiscation des droits imprescriptibles de la famille ; et vous trouvez que c'est bien! Ne fût-ce que par pudeur, vous auriez dû protester. Vous aurez beaucoup de gloire à fabriquer des bacheliers, à remplir les écoles du gouvernement, quand la concurrence sera impossible, quand le despotisme aura supprimé vos rivaux! Il y a dans la loi organique du 18 germinal an X un article 45 qui interdit les manifestations religieuses sur la voie publique, là où il y a des temples destinés à différents cultes. Cet article a toujours été la couverture de ceux qui, n'osant avouer leur haine, s'y retranchent derrière quand ils veulent proscrire nos processions. L'honnêteté de beaucoup de ministres protestants s'est indignée du rôle qu'on leur fesait jouer, et ils ont proclamé leur amour pour la liberté. Leur conduite est parfaitement honorable ; les catholiques leur en savent gré en les estimant. Ainsi ne se conduisent pas les universitaires dans un cas analogue, aggravé par une circostance d'argent : ils se taisent ! Faites à autrui ce que vous voudriez qu'il vous fût fait à vous-même, leur crie la morale de l'Evangile ; ils préfèrent en suivre une autre qui est celle de l'égoïsme. Quand nous ne trouvons pas l'honneur et ses délicates susceptibilités dans ceux que l'État veut faire les seuls éducateurs de nos enfants, nous avons le droit d'être allarmés. Oui, allarmés et presque désespérés pour l'avenir ; car, l'honneur est le dernier refuge de l'âme humaine dans sa dignité outragée, et quand il est forcé sans protestation, cette âme n'existe plus ; tous ses ressorts sont brisés ; elle est mûre pour subir et faire subir toutes les tyrannies. Et maintenant, universitaires, voici la difference qu'il y a entre vous et nous : nous voulons la France libre, vous la voulez asservie ; nous

voulons l'égalité, vous voulez le privilége ;
nous voulons la fraternité dans l'émulation
du bien, vous voulez l'ostracisme de ceux
qui vous déplaisent par les qualités qui vous
manquent. Nous voulons former une jeunesse pleine de valeur, ardente pour toutes
les nobles choses, et, tellement constituée
au physique et au moral, qu'elle puisse
rétablir la gloire de la patrie ; vous, vous
voulez en former une à votre image pour la
fortune et le plaisir, pour le luxe et ses éner-
vements. Bismark peut vous applaudir, et
par delà le Rhin, vous envoyer ses félicitations.

Qu'est-ce que nous voulons encore et
qu'est-ce que vous ne voulez pas? La science
ne nous paie pas, c'est gratuitement que
nous l'aimons et la servons ; et cependant,
telle est la passion qu'elle nous inspire, que
pour rien au monde, nous voudrions la
trahir. Toutes ses gloires nous sont chères,
à toutes nous tressons des couronnes, et ses
souffrances ont un écho douloureux dans nos
cœurs. Elle habite un sanctuaire d'accès difficile, et qu'on n'atteint que moyennant
beaucoup de fatigue et de persévérance ;

c'est pourquoi, nous applaudissons de grand cœur, aux efforts, d'où qu'ils viennent, qui en applanissent le chemin. Vous au contraire, vous que la science paie et qu'elle honore comme ses serviteurs et ses gardiens, vous en immolez les intérêts à vos rancunes ; vous la traitez en marchandise prohibée que seuls et, par privilége, vous prétendez vendre.

Quand vous sortez de l'Ecole Normale et qu'on méconnait votre mérite au point de vous envoyer à Alençon, vous vous écriez comme M. About : *Point d'Alençon* ; hé bien, il y en a des Jésuites que le hasard de l'existence a fait sortir de la Normale, et pour l'amour de la science, ils vont où l'obeissance les envoie, ayant zéro traitement, et pour tout mobilier les vêtements qu'ils portent. Ils s'appellent Joubert, Olivaint, Verdière, Chartier, Le Gonis, Pharon. Et ne croyez pas qu'étant héroïques, ils vaillent mieux que leurs confrères ; car, héroïques, ils le sont tous, c'est leur vocation. Ces hommes admirables, vous les estimez, et leur dévoûment vous inspire un involontaire respect ; comment se fait-il que vous assis-

tiez impassibles, aux tortures de leur
agonie?

Un jour viendra, où la France recou-
vrant sa grandeur et rénouant la chaîne, un
instant brisée, de ses traditions de justice et
de liberté, se rappellera de vous pour accoler
à votre nom celui de tous les égoïsmes dans
l'oubli de tous les sentiments. Que ceux de
l'Université qui sont religieux, qui au fond
de leur cœur, réprouvent les tyrannies mé-
ditées, voulues au nom du monopole de
l'instruction, nous permettent une dernière
pensée.

Vous auriez grande envie de dégager
votre responsabilité des attentats inouïs qui
se préparent, mais vous n'osez le faire par
peur d'un pouvoir impitoyable envers tous
ceux qui le blâment au lieu de l'aduler. Le
péril tient chez vous la parole captive. Eh
bien, il y a un péril que vous n'evitez pas,
c'est celui des remords de la conscience. La
conscience, à l'heure qu'il est, a de glorieuses victimes dans toutes les administrations;
elle n'en compte pas chez nous. Quand tous,
vous aurez préservé vos belles situations, il
y a une grande chose que vous aurez perdue

en manquant d'un noble courage et d'une noble indépendance, c'est le témoignage du devoir accompli et les precieuses bénédictions dont Dieu, toujours et sans faute, l'accompagne. Vous dites : c'est pour mes enfants et ma femme que je suis silencieux et pusillanime ; et moi, je vous dis, c'est pour eux que vous devriez être courageux. Il y a une tendresse qui, pour femme et enfants, vaut plus que celle de l'époux et du père, c'est celle de Dieu.

Bienfaiteurs de votre patrie, amants passionnés de la science, fils dévoués de l'Eglise, vous, dont l'âme tressaille et le cœur bat, à tout ce qui est vérité, noblesse et grandeur, préparez-vous à passer la frontière, à demander l'hospitalité à toutes les terres amies de la liberté, et que vos succès y soient la honte de vos persécuteurs, le stygmate qui marquera leur front d'une indélébile infamie!

CHAPITRE XIII

Conclusion.

L'Université n'a pas le droit de vivre parce qu'elle élève mal la jeunesse Française, mais encore et surtout parce qu'elle est un monopole et une insulte à la liberté. L'Etat moderne n'a pas le droit d'enseigner, l'instruction ne pouvant se séparer de l'éducation, et l'éducation, de la Religion. Nous demandons la liberté pure et simple de l'instruction à tous ses degrés. Chacun doit pouvoir enseigner sous l'égide du droit commun, à la seule condition de jouir de ses droits civils et politiques. Les grades, si on veut les mantenir, doivent tous être conférés par des jury neutres, et ne servir que comme recommandation de ceux qui les possèdent. Ainsi pense un radical dont le nom est en grand relief. Aujourd'hui, il a tourné casaque et suit M. Ferry, mais les gens qui tournent le dos à leurs convictions, n'en sont que plus propres à prouver la vérité quand elle surprend leur hommage.

« Lincoln, simple ouvrier fondeur, a pu en Amérique devenir avocat, puis président de la République.

En France, Lincoln serait-il peut-être parvenu à être président de la République ; mais à coup sûr il ne serait pas devenu avocat, parce qu'il n'était pas bachelier.

Nous demandons, nous, qu'un Lincoln français puisse devenir président de la République

et même avocat, ou l'un des deux seulement.
Voilà pourquoi nous demandons l'abolition des
· diplômes.

Le diplôme constitue, en fait, un privilége.
Nous demandons l'abolition de ce privilége.

M. Lockroy conclut ainsi :

En résumé, le diplôme est une atteinte à la
liberté du travail.

Le diplôme devrait n'être qu'un simple cer-
tificat d'études, qui vaudrait ce que vaudraient
ceux qui l'auraient délivré. Au public de s'enquérir et de choisir.

Le diplôme est aujourd'hui un poinçon officiel, indispensable à la circulation de certaines marchandises. Il devrait n'être qu'une
marque de fabrique, constatant l'origine des
marchandises. »

Et pour prouver que M. Lockroy n'est pas
le seul, de son école, à mal penser de l'Université et à vouloir sa destruction, voici ce
qu'en dit Arnaud de l'Ariége.

« L'Université ne pouvant poser une doctrine, ni professer une religion, a vécu d'expe-
dients. On a inventé l'éclectisme. On a imaginé
un système de balancement, d'équilibre entre
toutes les doctrines, entre tous les cultes. Cet

éclectisme, il consiste à empêcher l'éclosion, la manifestation, le développement, la propagande de toute doctrine puissante. C'est la conspiration de l'indifférence jalouse contre la vérité qui la gêne. C'est l'indifférence systématisée. C'est ce qui peut arriver de plus funeste à une nation.

» Aussi l'Université est-elle restée sur le corps social comme une institution parasite. Aussi lui a-t-il été impossible de former l'esprit et le cœur des générations; aussi a-t-elle fait des générations qu'elle a élevées des générations d'hommes indifférents, n'ayant aucune foi profonde, étant sans caractère, sans initiative individuelle. Voilà ce que vous avez fait, vous ne pouvez pas le nier. »

Et maintenant, que le maçonisme essaie de rajeunir l'Université et d'accroître son monopole; elle n'en est pas moins condamnée à disparaître un jour au souffle de la liberté.

Un radical à qui le monopole universitaire devra beaucoup, M. Paul Bert, a pu s'écrier à la chambre « qu'*il fallait détruire cette légende enfantine qui représente nos lycées comme des établissements qui effraient les mères* » : non, le lycée ne doit pas effrayer le père libre-penseur et franc-maçon, ni la mère qui aura fait son éducation aux écoles de **M.** **Macé.** Le lycée doit être leur lieu de prédilection ; quant aux parents chrétiens, ils n'ont qu'un meyen de ne pas s'effrayer du lycée, c'est de le fuir obstinément et à travers tous les sacrifices, même celui de la science qui ne sera jamais, croyons-nous, nécessaire. Il ne faut pas être un grand sage pour préférer un ignorant à un libre penseur. De toutes les raisons qui doivent rendre l'Université odieuse aux catholiques, celle qui en ce moment, doit leur faire une impression décisive, c'est de la voir choyée, mijaurée par toute la tourbe des Jacobins réunie comme un seul homme pour l'agrandir par la ruine d'une foule d'institutions libres. Oui bien, agrandissez vos lycées, changez-en le régime un *peu soldatesque, froid et dur* ; saupoudrez-le des amabilités dont vous êtes capables, et nous continuerons à n'en connaître que les belles façades.

Au nom de votre justice et de votre progrès, vous nous forcerez à en payer les coûteuses dépenses, vous ne pourrez pas nous contraindre à les habiter.

Les projets Ferry sont un défi que la France

catholique a vaillamment relevé. Malgré l'ignorance et l'apathie du grand nombre, malgré la
peur d'un pouvoir ombrageux et hostile, en dépit du mauvais vouloir et de l'opposition des
préfets et des maires, dix sept cent mille si-
gnatures des pères de familles élèvent déjà la
plus formidable protestation que jamais loi ait
reçue à son origine ; c'est bien commencer.

C'est bien commencer. Attendons encore
un peu et tout le monde avouera par exemple
qu'ils est mal d'être inspecté par une autorité
rivale ; que, puisqu'il est permis à un particulier de faire élever ses enfants chez lui, il ne
doit pas être défendu à trois pères de famille
un peu moins aisés de se réunir pour faire le
traitement d'un professeur ; qu'assez longtemps on s'est moqué des gens en leur faisant
peur des jésuites ; que les religieux sont des
hommes qui mangent le même pain et respirent le même air que nous ; qu'ils ne peuvent
pas avoir l'intention de nous ramener aux abus
de l'ancien régime, vu qu'il n'est guère permis
aujourd'hui d'être fou ou absurde ; qu'ils
enseignent bien en Belgique, en Angleterre,
aux Etats-Unis, les peuples les plus libres du
monde ; que d'ailleurs, un peuple souverain

doit avoir le droit de choisir les instituteurs de ses enfants. Tout le monde comprendra encore que le spirituel doit être indépendant du temporel ; que l'on peut aimer 89 sans aimer 93 ; que la religion et la liberté sont deux amis qui vont bien ensemble. Alors la liberté étant dans l'air, elle tombera dans les urnes électorales ; une députation plus saine renouvellera le pouvoir et un ministère sincerement libéral présentera sur la liberté d'enseignement une loi dont voici l'analyse :

Art. 1. — La liberté d'enseignement est le droit de tous.

Art. 2. — Toutes les formalités de certificats et de grades autres que ceux de théologie, de médecine et de droit, sont abolies.

Art. 3. — Les écoles de chaque culte sont sous la surveillance spéciale de leurs pasteurs respectifs.

Art. 4. — Toutes les écoles, quelles qu'elles soient, sont placées en outre, pour tout ce qui regarde les lois civiles, sous la surveillance des magistrats du lieu.

Art. 5. — Les crimes, délits et contraventions des professeurs et autres employés seront poursuivis et jugés selon les lois par les tribunaux ordinaires.

RAPPORT DES NEUFS AUMONIERS

« Monseigneur.

« Les aumôniers des colléges royaux de... ont l'honneur de vous transmettre les renseignements que vous leur avez demandés sur l'état religieux et moral de ces colléges...

« Le silence pesait à leur conscience, surtout au moment où l'autorité civile elle-même, inquiète sur l'état de ses colléges, avait ordonné une enquête pour l'approfondir...

« *C'est tous ensemble* qu'ils vous offrent ce rapport, parce que tel est le désir exprimé par la lettre qu'ils ont recue de Votre Grandeur. D'ailleurs, leurs devoirs sont les mèmes, *leurs peines communes*, et les pensées qu'ils ont à exprimer ne concernent ni des désordres particuliers, ni tel collége royal plutôt que tel autre.

" Persuadés que les malheurs de la religion dans l'Université *tiennent à des causes générales*, les soussignés écarteront donc toute question locale et personnelle.

" Ils se borneront à signaler l'état religieux et moral des colléges royaux de..., *se souvenant toutefois*, dans leur exposé, *des barrières mille fois sacrées* que le ministère dont ils sont honorés leur interdit de franchir.

" *Renfermés dans ces limites*, ils ont l'honneur de

soumettre à Votre Grandeur *les faits généraux* qui suivent, comme vrais en eux-mêmes, et toutefois comme une peinture *affaiblie* du triste état de la religion dans les colléges.

" 1o Les aumôniers sont dans un abattement profond et dans un dégoût qu'aucun terme ne saurait exprimer, à cause de l'impuissance presque absolue de leur ministère, quoiqu'ils n'aient négligé ni soins, ni études, pour le rendre fructueux.

2o Les enfants qui leur sont confiés sont *à peine entrés dans l'Université*, que déjà les bons sentiments qu'ils ont puisés dans leurs familles commencent à s'altérer. Un ennui marqué les accompagne dans les exercices les plus simples, les plus nécessaires de la vie chrétienne ; et c'est heureux si, aux approches de la première communion, *pendant quelques jours seulement*, on peut les faire sortir de l'état machinal dont ils ont contracté l'abitude, dans l'accomplissement de leurs devoirs religieux.

" 3o *S'il en est quelques uns* qui demeurent fidèles à leurs premiers sentiments, ils chercheront à les cacher *comme un secret funeste*. On les verra affecter une légèreté qu'ils n'ont pas, et *demander grâce* en mille façons *de valoir un peu mieux* que leurs condisciples... *L'idée du bien ne leur reparait qu'avec l'idée de la honte.* Ils n'osent prier qu'en fermant le livre de la prière ; le signe de la croix devient pour eux un acte de courage, et dans une nombreuse assemblée de ces enfants réunis pour adorer Dieu, un étranger ne discernerait pas toujours s'ils sont chrétiens, avant d'avoir regardé l'autel.

" 4o Leur foi n'a pas encore péri ; mais un peu plus tard, entre quatorze et quinze ans révolus, nos efforts deviennent inutiles ; nous perdons alors toute influence religieuse sur eux, en telle sorte que, dans chaque collége, les classes réunies de mathématiques, philosophie, rhétorique et seconde, comptent à peine, sur quatre-vingt-dix ou cent, sept ou huit élèves qui remplissent leur devoir pascal.

" 5o Or, ce n'est ni l'indifférence, ni les *passions seules* qui les amènent à *un oubli général si précoce de leur Dieu*, mais une *incrédulité positive*. Comment, en effet, croiraient-ils, en voyant tant de mépris pour la religion, en prêtant l'oreille, *tous les jours de la vie*, à des discours si contradictoires, en ne trouvant de Christianisme qu'à la chapelle, et encore un Christianisme vide, de pure forme et comme officiel? Nous-mêmes nous sentons périr sur nos lèvres, quand nous parlons, la sainte hardiesse de la foi ; nous ne sommes plus devant eux des ministres de Jésus-Christ, mais de simples maîtres de philosophie. Nos prétentions se bornent à jeter quelques doutes dans leurs âmes, à leur faire penser qu'après tout il serait peut-être bien possible que l'Evangile fût l'ouvrage d'un Dieu, et nous avons le malheur de ne pas même laisser toujours à leur esprit cette dernière ressource contre les préjugés anti-religieux.

" 6o *Les voilà donc à quinze ans, sans règle de leurs pensées, sans frein pour leurs actions*, si ce n'est une discipline extérieure *qu'ils abhorrent* et des maîtres qu'ils traitent comme des mercenaires. La crainte des châtiments et l'intérêt de leur avenir donnent

seuls à l'esprit de révolte, dont ils sont imbus,
quelques apparences ds soumission ; et, fatigués
d'une vie que la religion n'adoucit en rien, ils regar-
dent le collége comme une prison, et leur jeunesse
comme un temps de malheur.

" 7o Enfin, quand le cours de leurs études est
achevé, parmi ceux qui sortent de rhétorique ou de
philosophie, faut-il dire combien il en est dont la foi
se soit conservée, et qui la mettent en pratique? Il
en est environ, chaque année, un *par collége...*, Ainsi
un enfant, envoyé dan une de nos maison, composée
de quatre cents élèves, pour y passer les huit
années scolaires, n'a que huit ou dix chances favo-
rables à la conservation de la foi ; tout le reste est
contre lui, c'est-à-dire que sur quatre cents chances
il y en a trois cent quatre-vingt-dix qui le menacent
d'être un homme sans religion. Tel est le ehiffre qui
exprime, dans l'Université, l'espérance! *tel est le
résultat final de tous nos travaux !...*

. . . .

" Les faits que nous avons signalés sont connus
des proviseurs et des autres fonctionnaires laïques
chargés de la surveillance dans l'Université, et *nous
n'avons rien dit qui ne s'accorde avec leurs secrets
gémissements.* La seule différence qu'il y ait peut-être
entre leur opinion et la nôtre, c'est qu'ils croient
que le mal tient au siècle et qu'il est irréformable.
Il est vrai que le découragement semble justifié,
lorsque l'on considère que dans tous les temps, *sous
tous les régimes, après des réformes multipliées, l'Université actuelle a toujours porté les mêmes fruits.* Quel-

ques-uns d'entre nous ont passé leur jeunesse dans son sein ; *ils ont vu autrefois, comme ses élèves, ce qu'ils voient aujourdhui... Ils ne se sont jamais souvenus de leur éducation qu'avec une ingratitude sans bornes*, comme ils ne se rappelleront leur ministère actuel qu'avec douleur.

Nice. — Impr. et Lith. J. A Dani, rue Gioffredo, 32.

www.ingramcontent.com/pod-product-compliance
Lightning Source LLC
LaVergne TN
LVHW051022200726
843508LV00001B/255